인문교양총서 23

영국 낭만주의 시인들의 자연 친화

●

김 철 수

인문교양총서 023

영국 낭만주의 시인들의 자연 친화

김철수 지음

역락

책머리에

오늘날 우리는 온갖 공해 속에서 살아가고 있다. 아침저녁으로 산책을 나가려 해도 자동차에서 뿜어져 나오는 매연과 열기 때문에 선뜻 나설 마음이 나지 않는다. 그래서 요즘 도시마다 인근 산자락에 산책로를 만들어 시민들의 몸과 마음을 추스를 수 있는 공간을 조성하고 있다. 이처럼 도시마다 힐링 정책을 펴나가는 추세는 매우 바람직한 현상이다. 하지만 이 같은 배려 정책의 또 한 켠에서는, 구청 담당 공무원과 업자들 간에 모종의 이권 밀약이 있었음인지, 산 초입의 쉼터 바로 코앞에 '진공먼지떨이'가 쉬지 않고 소음을 만들어 낸다. 옷과 신발에 흙먼지 좀 묻었다고, 탈탈 털면 될 것을 언제부터 그리 깔끔하게 살았다고 옷과 팬티 안에까지 공기를 세차게 뿜어대는가? (마음 청소에도 그렇게 열을 올리면 좋으련만…) 그래서 요즘같이 연일 무더위가 기승을 부리는 삼복더위에 산기슭 나무그늘 쉼터를 찾아도 소음공해 때문에 곧바로 자리를 뜨지 않을 수 없게 만든다.

이처럼 도시에 살면서 온갖 공해에 시달리며 짜증이 나는 일은 때와 장소를 가리지 않고 다반사로 일어난다. 먹거리의 경우만 하더라도, 천민자본주의 체제의 물신화 추세는 연일

식탁을 오염시키며 국민건강을 위협하고 있다. 이 모든 것이 물질만능, 약육강식, 무한경쟁, 천민자본주의 등 르네상스 이후 서구 사회의 인본주의와 과학주의에 바탕을 두고 일어나는 현상이다. 인간은 자연생태계의 일부이며, 자연계의 질서가 교란되면 인간에게도 심각한 재앙이 초래된다는 사실을 사람들은 근자에 와서야 서서히 인식하고 있는 듯하다.

예로부터 우리 선조들은 자연을 경외하고 자연을 보살피며 늘 자연과 공존해 왔다. 아무리 하찮은 미물이라 할지라도 함부로 죽이거나 해코지 하는 법이 없었다. 심지어는 집안 어두운 곳 어디엔가 둥지를 튼 구렁이나 들고양이조치도 내쫓지 않았다. 이렇듯 친 자연 생명존중 사상이 뿌리 깊던 우리 사회가 어느 틈엔가 돈과 재물밖에 모르는 한심하고 각박한 사회로 탈바꿈해 버린 것이다. 이제 우리는 더 늦기 전에 자연을 대하는 자세와 태도를 획기적으로 바꾸어야 한다. 자연생태계의 일부인 인간은 생태계의 순환 고리에 하나의 톱니로 맞물려 있음을 인식하고 자연과의 유대와 공존을 꾸준히 모색해 나가야 하는 것이다.

이 같은 위기의식에서 필자는 몇몇 영국 낭만시인들의 자연애호 사상과 환경보전 운동의 실태를 살펴보았다. 워즈워스, 콜리지, 클레어 같은 영국의 낭만시인들도 우리 선조들처럼 "생태적 평등" 사상을 내면화 하고 있었다. 인간은 자연을 지배하려 들어서는 안 되며, 아무리 하찮아 보이는 미물도 인간 못지않게 소중한 존재라는 생태의식을 마음 속 깊이 내면화해야 한다. 이처럼 "생태적 평등" 사상이 폭넓게 확산 심화될 때, 생태계 파괴로 인한 전 지구적 파탄의 위기에서 벗어날 수 있는 지평이 열릴 것이기 때문이다.

2012년 7월, 무학재(舞鶴齋)에서

차례

책머리에

자연 친화적 삶을 위하여 ••• 9

윌리엄 워즈워스의 자연 친화 ••• 18
   호반시인과 생태비평 18
   전일적 세계관 22
   야성과 공동체 43
   그래즈미어 공동체의 생명윤리 53

콜리지의 생태의식과 생태언어 ••• 73
   자연계의 질서 76
   산골마을의 생태언어 86
   배 그림자의 생태학 92
   역동적 생태시인 101

친환경 농부시인 존 클래어 ••• 103
   노샘튼 농부의 고향 사랑 103
   삶의 터전 105
   늘 푸른 초록언어 116

참고문헌 / 128

자연 친화적 삶을 위하여

　오늘날 의식이 있는 지식인으로서 환경위기 문제를 외면할 사람은 없을 것이다. 우리는 하루 세 끼 식사도 안심할 수 없을뿐더러, 집 근처로 산책을 나가보아도 매연과 소음 공해로 가슴이 답답하고 짜증이 나는 경우가 허다하다. 세계 전역에서 뭉게구름이 사라지고 여름이 되어도 좀처럼 제비를 볼 수 없게 된 지금, 우리는 아무런 일도 없다는 듯이 종래의 관행을 되풀이할 수만은 없는 일이다. 환경위기는 기본적으로 인간이 자신의 필요에 따라 자연을 마음대로 이용해도 된다는 오만한 생각에서 비롯된 것이다. 인간의 그 같은 오만과 끝없는 욕망 그리고 그로부터 비롯된 성장과 발전의 신화는 오늘날 '신자유주의'란 미명 하에 전 세계 민중들의 삶을 질곡으로 몰아넣고 있다.
　현재 인류는 생태계뿐만 아니라 자신의 죽음까지도 초래할지 모르는 환경오염과 자연파괴에 직면하고 있다. 이 문제를 해결하느냐 못하느냐의 문제는 곧 인류의 존속과 직결된 문제이다. 문명이 이 지경에 이른 근본적 원인은 "인간중심적 세계관"에 있으며, 그 세계관을 대치할 수 있는 것은 "생태중심적 세계관"이다. 이제 인간의 운명은 오로지 인간의 의지에 달려있기에, 인류가 직면한 위기상황의 절박성을 냉철하게 인식하고 거기에 이성적으로 대처해야 하는 것이다. 이렇듯 자연에 대한 인간의 책임이 그 어느 때보다 막중하게 느껴지는 시대에 심층생태학적 생태의식과 생명윤리를 바탕으로 펼쳐지는 초록세상은 야성을 간직한 공동체로 재현된다. 거기에서 시의 화자는 서구 과학사상을 전복시키는 한편 생기 넘치는 자연 속에서 인간이 수행해야 할 새로운 과제와 역할을 제시한다. 워즈워스를 비롯한 영국 낭만기 시인들은 인간을 포함한 모든 자연물들이 대화와 교감을 나누며 공존하는 가운데 조화와 균형을 이루는 세계를 꿈꾼다. 그러기에 그들은 인간중심적 개발 논리와 그에 따른 생태계의 파괴를 우려하는 것이다. 그러한 비판은 그들 마음속 깊이 내재된 "전일적 세계관"에 바탕을 두고 있다.

영국 낭만주의 시인들은 자신들의 생활터전이 개발되는 데 지속적으로 반대하면서, 생계유지 차원의 농업생산 방식을 유지하고 전통가옥을 보존하고 사람의 발길이 닿지 않은 자연을 보전하는 일에 혼신의 힘을 기울인다. 그런데 그가 야성

넘치는 생태계와 원시적 공동체를 예찬한 것은 "야성의 창조력과 자기조직력"을 신뢰하기 때문이다. 자연의 본질적 요소인 야성이 인간의 의식에 투영될 때 그것은 개방된 앎의 방식으로 나아갈 뿐만 아니라 상상력으로 넘쳐나며, 민첩한 지성의 원천이 되기도 한다. 그러므로 전원마을의 전통적 생활방식을 보존해야 한다는 입장에서도, 집 없는 이들뿐만 아니라 문명의 울타리 너머에 존재하는 야생동물들에 대한 관심과 배려의 측면에서도, 그들은 급진적이리만치 개혁적인 생태시인이자 시대를 앞선 선각자들이었다.

영국 낭만기 시인들뿐만 아니라 그들의 초록세상을 배회하는 외로운 방랑자들에게도 자연은 "질서의 원리이자 창조의 원리"였다. 인간은 자연의 적극성에 화답할 때 엄청난 창조를 일구어 낼 수 있기 때문이다. 워즈워스의 등장으로 자연에 대한 믿음은 급속도로 광범위하게 확산되며, 그의 자연 신뢰는 곧 인간 신뢰의 가장 인간적인 표현이었다. 그래서 워즈워스의 그래즈미어 골짜기는 그곳 주민들 모두의 행복을 보장해 주는 "환상적 공화국"(a visionary republic)으로 그려지는 것이다. 그뿐 아니라 그래즈미어 골짜기를 공화주의와 연결 짓는 워즈워스의 창조적 회상을 통하여 우리는 그의 시적 토양이 곧 혁명적 열정의 묘판이었음을 알 수 있다.

오늘날 전 세계 민중의 삶을 질곡으로 몰아넣는 성장 신화 혹은 개발 이데올로기는 르네상스 이후 서구의 세계지배를 가능케 한 합리주의사상, 즉 경험론(empiricism), 합리론(rationalism), 그리고 계몽주의사상(enlightenment)과 더불어 거기에서 비롯된 자연과학적 사고방식에 뿌리를 두고 있다. 서구유럽의 과학사상에서 자연은 한갓 "개별적 사물들의 집합체"(natura naturata)로 간주될 뿐 "유기적 총체"(natura naturans)로 인식되지 않는다. 도정일 교수의 주장에 따르면, '사적 유물론'(史的 唯物論, historical materialism) 사상도 서구 과학사상의 인식론적 한계를 극복한 것은 아니었다. 자본주의권의 개발이데올로기에 맞선 사회주의권의 대응은 사회주의적 생산관계에 의한 발전모형으로 전개되는데, 자본주의적 생산관계에 입각한 사회발전은 제국주의적 구조, 비인간화의 구조, 불평등과 착취의 구조에서 벗어날 수 없다는 것이 사회주의적 발전모형의 대안이자 주장이었다. 그러나 사회주의적 발전모형은 19세기적 유산의 일부를 이어받을 뿐만 아니라 "근대적 진보"라는 18세기적 유산도 함께 계승한다. 사적 유물론에서도 자연은 인간의 편의를 위해 부단히 개발되어야 할 역사발전의 대상인 것이다.

개발과 개척과 활용을 외치는 곳치고 생태계의 파괴가 이루어지지 않은 경우가 있었던가? 환경위기, 생태계 위기를 극복하기 위해서는 자연을 정복대상이 아닌 우리의 반려이자 '어머니 대지'(Mother Earth)로 받아들일 줄 아는 획기적 인식전환이 요구된다. 인간과 자연의 관계는 지배와 복종의 위계적 관계가 아니라 평등에 바탕을 둔 상보적 관계라는 인식이 우리 마음속에 내면화되어야 하는 것이다. 자연계 내에서 인간도 한갓 미물에 불과하며 다른 생명체들과 더불어 살아가야 하는 존재임을 깨닫고 겸손하게 살아갈 때 비로소 생태계의 균형과 조화가 회복될 수 있을 것이다. '인간중심'이 아니라 '생태계중심'으로 생각하고 행동해야 하며, 개발이란 구호 아래 자연을 훼손할 것이 아니라 훼손된 자연은 원상복구하고 남아있는 자연은 고스란히 보전하며 자연과 공생할 줄 아는 지혜가 필요하다.

영국 낭만기 시인들은 평생토록 가난한 시골사람들과 더불어 그들을 배려하며 소박한 삶을 살았다. 호수지방 개발을 목전에 두고 그가 우려했던 것은 지역공동체를 배려하는 마음이라곤 없는 자본가와 벼락부자들이 지역개발이란 명분과 자본을 앞세워 생태계를 파괴하는 행위이다. 투기자본에 대한 워즈워스의 저항은 계급의식의 일단을 보여주는 것으로, 오늘날 부르주아계급의 반 환경적 수사(修辭)에 내장될 생태적 문제점들을 그 당시 그는 속속들이 파악하고 있었던 것으로 보인다. 1830년대로 접어들자 영국에서는 대량교통수단을 통한 무제한적 접근과 여가활용을 위한 무차별 난개발이 본격적으로 가동될 조짐을 보인다. 그 같은 개발이 자연을 돌이킬 수 없는 상태로 몰아넣고 인간의 삶 또한 황폐하게 만들 것임은 불을 보듯 뻔한 일이었기에 워즈워스는 생태계 보전을 위해 헌신한다.

김종철 교수의 통찰을 빌려 말하자면, 오늘날 환경위기에 대한 인식이 광범위하게 퍼져 있다고는 하나, 문제는 그것이 대부분 단순한 정보와 지식의 차원에서 머물기만 할 뿐 내면적으로 깊이 침투되어 있는 인식은 아니라는 데 있다. 첨단기술과 자본의 힘으로, 정책의 변화로 환경위기를 극복할 수 있으리라는 안이한 믿음이 활개치고 있을 뿐이다. 필요한 것은 지옥으로 가는 길을 포장하는 것이 아니라 근본적인 방향전환이다. 이 시점에서 절실하게 요구되는 것은 내면화의 과정, 스스로 생태적 존재로서의 본성을 깨우치는 능력이다. 우리가 아무리 환경위기와 생태적, 사회적 파국에 관해 말하고 그것을 머리로 이해한다 하더라도 우리의 깊은 내면에 충격을 주지 않는 한 모든 것은 부질없는 잡담에 지나지 않는다.

심리학자 융(Gustav Jung)이 북아메리카의 푸에블로 인디언 마을을 방문했을 때, "왜 백인들은 가슴으로 생각하지 않고 머리로 생각하느냐?"는 질문을 받았다고 한다. 이 질문에는 생태학적 사유의 본질과 함께 오늘날 산업사회의 치명적 약점이라 할 수 있는 생태적 사유의 빈곤이 암시되어 있다. 워즈워스가 함께 생활했던 호수지역 주민들이 푸에블로 인디언들의 지혜로운 삶과 동질적인 삶을 영위했다고는 말할 수 없을 것이다. 하지만 그들도 오랜 세월 나름대로 어머니의 품과 같은 대지를 섬기며 공동체적 유대와 정신적 균형을 잃지 않았다. 그러나 토착사회가 발전신화를 받아들여 개발논리에 편승하는 순간 그 지역 생태계는 돌이킬 수 없으리만치 균형이 무너지고 급기야는 사람들의 영혼마저 표준화, 규격화, 상품화의 길로 접어들 것임은 불을 보듯 뻔한 일이다. 이 같은 상황에서도 생태학적 지혜가 잔존하는 유일한 공간은 시적 감수성의 세계이다. 워즈워스의 초록사유와 그가 재현하는 초록세상이 오늘날 우리에게 더욱 더 소중하게 느껴지는 것도 그의 시적 감수성이 생태적 감수성과 긴밀하게 연결되어 있기 때문이다.

프리조프 카프라(Fritjof Cápra)에 따르면, 생태계란 "식물, 동물, 미생물로 이루어진 유지가능한 공동체"로서, 인간이 생태학적 소양(ecoliterate)을 갖춘다는 말은 생태계의 조직 원리를 이해하고 "유지 가능한"(sustainable) 생명공동체를 조성하기 위해 그 원리를 사용하는 것을 의미한다. 그는 생태계의 조직 원리로 상호의존성(interdependence), 자원의 순환(circulation of nature's resources), 협동과 협력(partnership), 유연성(flexibility), 다양성(diversity), 그리고 이 모든 것들의 결과로서 생태계의 유지가능성(sustainability)을 꼽는다. 생태계 내에 서식하는 모든 생명체들은 독자성과 자율성을 유지하며 경쟁하는 가운데 서로를 받혀주기도 하기에, 인간이 다른 생명체들과 평화롭게 공존하기 위해서는 '겸손과 겸양'(humility)이 내면화되어야 한다는 것이다. 그러면서 그는 생태계의 조직원리가 교육, 경영, 정치의 기본 원리가 되어 교육공동체, 기업공동체, 정치공동체 등 여러 공동체들을 소생시킬 수 있어야 한다고 주장한다.

생태비평이 비평유파로서의 면모를 갖추게 되는 것은 1992년에 북미대륙에서 '문학과 환경 학회'(ASLE : Association for the Study of Literature and Environment)가 출범하고 머피(Patrick Murphy)에 의해 '문학과 환경의 학제직 연구'(ISLE : Interdisciplinary Studies in Literature and Environment)란 저널이 발행되면서부터이다. 또한 뷰얼(Lawrence Buell)이 1995년에 세상에 선보인 『환경적 상상력』(The Environmental Imagination)과 글럿펠티(Cheryll Glotfelty)가 1996년에 펴낸 『생태비평논집』(The Ecocriticism Reader)은 생태비평의 이정표 역할을 하며, 이때부터 생태비평의 관점에서 영미문학 연구가 본격적으로 이루어진다. 한국에서도 십여 년 전부터 관심 있는 이들이 환경관련 소공동체 '한살림'을 통해 유기농산물의 생산과 유통에 적극 참여하는 한편, 김종철이 펴내는 격월간지 『녹생평론』을 통해 환경문제의 심각성을 일깨워 왔다. 미국 영문학계에 생태비평 분야가 생기고 여러 대학에서 생태비평 관련 강좌가 개설되자, 한국 영문학도들도 뒤늦게나마 환경파수꾼, 생태계파수꾼임을 자처하며 의욕적인 학술활동을 보여주는 것은 매우 고무적인 현상이라 하겠다. 그러한 노력의 일환으로 한국에서도 '문학과 환경 미국학회'의 지부 격인 '문학과 환경 한국학회'가 2001년 10월에 결성되었고, 이듬해 12월에는 반년 간 학회지 『문학과 환경』 창간호가 출간되기에 이른다.

인간의 행복과 미래와 참된 가치를 추구하는 것이 문학의 주요 임무일진대, 문학은 인간을 포함한 모든 생명체의 안전을 위협하는 현금의 환경위기, 생태계 위기를 자신의 문제로 받아들이지 않으면 안 된다. 더욱이 문학은 희망과 행복과 밝은 미래의 표상인 녹색을 지향하기에 환경위기, 생태계 위기 극복을 위해 노력하는 일은 문학의 본질과도 합치된다. 오늘날 문학의 입지, 특히 시문학의 입지가 많이 약화된 것도 사실은 현대 물질문명의 반 녹색적 성격에 기인하는 바가 적지 않다고 하겠다. 그러므로 생태계의 보전과 보호를 통해 인류를 죽음의 문명으로부터 구원하는 일은 문학의 입지를 드높이는 일이기도 하다. 이 같은 문제의식에 따라 필자는 영국 시인들 가운데 생태시인의 선구자로 추앙받고 있는 워즈워스(William Wordsworth : 1770~1850)를 비롯하여, 그의 동료시인 콜리지(Samuel Taylor Coleridge : 1772~1834), 그리고 노샘튼 지방의 친환경 농부시인 클레어(John Clare : 1793~1864)가 펼쳐 보이는 초록세상의 몇몇 단면들을 편력해 보고자 한다.

윌리엄 워즈워스의 자연 친화

호반시인과 생태비평

워즈워스는 서구 생태시인의 선구자로 그의 이름이 거론될 때마다 우리는 영국 호수지방(Lake District)을 떠올리곤 한다. 호수지방에서 태어나 어린 시절을 보낸 그는 20대에 접어들면서 몇 년간 런던 등지를 떠돌아다닌다. 그러나 조만간 도시 생활을 청산하고는 1799년 12월에 누이동생 도로시(Dorothy Wordsworth)와 함께 고향마을 가까운 '그래즈미어'(Grasmere)로 내려가 '비둘기집'(Dove Cottage)에 정착한다. 어린 시절 그의 상상력을 일깨운 이래 끊임없이 자양분을 공급해주는 산과 호수들 사이에서 시인으로서의 삶을 살아가기로 마음 먹는다. 그러므로 워즈워스 시의 본질을 구성하는 것은 어린 시절 이래 그의 마음속에 차곡차곡 쌓인 특정 장소와 관련된 추억들이다.

　20세기 전반기까지 워즈워스는 영문학사상 가장 주목할 만한 '자연시인'(nature poet)으로 받아들여졌으나 후반기로 접어들면서 그의 시의 지역성과 '자연시인'으로서의 명성은 문제시되기 시작한다. 비평가들은 해체론, 신역사주의, 페미니즘 등 자기들 나름의 이론적 성향에 따라 워즈워스 시에 대한 새로운 시읽기 방식들을 선보이는 것이다. 1960년대와 70년대 미국 영문학계를 주도했던 소위 '예일학파'(The Yale Critics)의 제프리 하트먼(Geoffrey Hartman), 헤럴드 블룸(Harold Bloom), 폴 드만(Paul de Man)에서 사연과 상상력은 배타적 영억에 속하는 것으로, 시인의 "고조된 의식"으로서의 상상력은 언제나 자연을 초월하려 들기 때문에 워즈워스는 자연시인이기보다는 오히려 정신세계를 주로 다룬 상상력의 시인이라고 그들은 주장하였다. 한편 1980년대 이후 맥간(Jerome J. McGann), 레빈슨(Marjorie Levinson), 뤼(Alan Lui) 등 신역사주의자들은 해체론자들이 워즈워스의 자연 속에 내재된 역사적 사실들을 "순수 의식의 기록"으로 치환시켜 놓았다며 그들의 탈역사성을 비판하는 한편 워즈워스 시의 역사성에 주목할 것을 주문한다. 그러던 와중에 1990년대로 접어들면서 조나단 베잇(Jonathan Bate)이 신역사주의 문학연구 방법과 방향성에 문제를 제기하기 시작한다. 하트먼이 워즈워스의 시에서 자연을 증발시켜 버리고 빈 공간을 초월적 상상력으로 채워 넣었다면, 맥간은 하트먼의 초월적 상상력의 세계를 역사와 사회로 대치함으로써 똑같이 자연을 증발시키는 결과를 초래했다는 것이다. 베잇이 보기에 신역사주의자들의 목적은 20여 년간 낭만주의 비평을 주도해 온 하트먼 일파의 헤게모니를 와해시키는 것이었을 뿐, 그들 또한 텍스트에서 사연을 증발시킨 죄를 면할 길 없다. 1980년대 후반기로 접어들어 동구권이 몰락하고 국제질서가 새롭게 재편되는 시기임에도 문학연구 분야에서는 여전히 작품의 환원적 해석에서 헤어나지 못하는 학계의 상황을 베잇은 개탄해 마지않는다.

베잇의 『낭만적 생태학 : 워즈워스와 환경적 전통』(Romantic Ecology : Wordsworth and the Environmental Tradition, 1991)은 앨런 뤼(Alan Lui)의 자연관을 비판하는 것으로 논의를 시작한다. 뤼에게 자연은 인간이 자신의 필요에 따라 자의적으로 구성한 "인간중심적 구성물"(anthropomorphic construct)에 지나지 않는 것으로, 의식의 범위 너머에 "자연이란 존재하지 않는다"(There is no nature)고 그는 주장한다. 뤼의 이 같은 입장에 대해 베잇은 국제사회의 정치적 지도가 다시 그려지는 상황에서 "문학비평도 새로운 방식으로 스스로를 정치화할 시기가 되었다"며, 생태계의 보전과 환경위기 극복을 위해서는 생태비평의 정치화가 절실하게 요구될 뿐 아니라 문학연구의 패러다임 또한 획기적으로 전환되어야 한다며 이렇게 주장한다.

1960년대가 개인의 상상력을 특권화 함으로써 암암리에 부르주아적 편향성을 내비치는 관념론적 낭만주의읽기를 선보였다면, 1980년대는 낭만주의에 대한 후기 알튀세르의 마르크시즘적 비판을 제공하였다. 전자가 인간의 마음은 자연보다 우월하다는 전제에서 출발했다면, 후자는 인간사회의 질서가 '자연계의 질서'보다 더 중요하다는 전제에서 출발한다. 현재 초록정치학에 의해 문제시되고 있는 것은 바로 이러한 가정들이다. 문학텍스트가 '고전적'이 되려면 텍스트가 생산된 시대와 후대 모두에게 발언할 수 있는 능력을 갖추어야 한다. 따라서 고전적 텍스트에 대한 최상의 읽기는 역사적으로도 당대에도 영향력을 행사하는 읽기이다. 워즈워스에 대한 녹색읽기는 최상의 예가 될 수 있다. 생태적 관점을 역사화할 때 ― 대지에 대한 존경심을 내면화하는 동시에 경제성장과 물질적 생산이 인간사회의 가장 중요한 부분이라는 정통적 사상에서 벗어날 때 ― 우리는 낭만적 전통 속에 살고 있는 우리 자신을 발견하게 되며, 그래서 녹색읽기는 강력한 역사적 힘을 발휘한다. 그것은 다가올 시대의 가장 절박한 정치적 문제들, 이를테면 온실효과와 오존층의 감소, 열대우림의 파괴, 산성비, 바다오염, 그리고 보다 국지적으로는 즐거움 넘치는 영국 초원의 콘크리트화에 낭만주의를 연루시킨다는 점에서 우리시대에도 강력한 힘을 행사한다.

워즈워스가 현대적 의미의 생태시인이라면 그의 시에는 '전일적 세계관'(holistic world view)에 바탕을 둔 '생태의식'(ecological consciousness)과 '생명윤리'(bioethics)가 튼실하게 내면화되어 있을 것이다. 이러한 문제의식에 따라 필자는 김종철, 장회익, 박이문, 이남호, 신덕룡, 최동오 등 한국 생태론자들의 업적과 함께, 프리조프 카프라(Fritjof Cápra)가 심층생태학적 관점에서 전개한 현대과학 이론, 그리고 윌리엄스(Raymond Williams), 베잇(Jonathan Bate), 크뢰버(Karl Kroeber), 맥쿠식(James McKusick)으로 이어지는 영미 생태비평가들의 낭만기 문학 연구에 기대어, 워즈워스가 펼쳐 보이는 생태계를 조감해 보고자 한다.

전일적 세계관

1770년 4월 7일, 워즈워스는 컴버랜드(Cumberland)의 코커머스(Cockermouth)란 호수지방 산골마을에서 태어났다. 『서곡』에서 그가 서술하는 바에 의하면, 어린 시절에 대한 최초의 기억은 더웬트(Derwent) 강으로 흘러드는 계곡의 시냇물소리이다. "오리나무 그늘과 깎아지른 암벽 폭포에서 들려오는 웅얼거림이/ 내 꿈결 따라 흐르고…" 어린 시절에 대한 최초의 기억이 계곡 따라 흐르는 물소리임은 주목할 만하다. 자연이 어린이의 꿈속으로 흘러들어가 어린이에게 직접 말을 걸면서 유혹하기 때문이다. 자연의 유혹에 장단이라도 맞추듯 자신을 에워싼 세계로의 이끌림과 적극적인 참여의식은 워즈워스가 다섯 살 소년이었을 적에 더웬트 강에서 멱 감던 장면과 강둑을 따라 뛰놀던 장면의 묘사를 통해 한층 더 구체적으로 환기된다. 더웬트 강은 상상의 세계의 놀이동무인양 부드러운 "목소리"(a voice)로 어린이의 마음을 어루만져 주는가 하면 마력이 깃든 신비한 어조로 말을 건네는 것이다.

그렇다고 어린 시절의 경험이 언제나 유쾌했던 것만은 아니다. 『서곡』의 '보트 훔쳐 타기'(boat-stealing) 일화나 '물에 빠져 죽은 사람'(drowned man)의 일화에서처럼 자연은 소년 워즈워스에게 불길한 모습으로 다가가기도 한다. '보트 훔쳐 타기' 대목의 절정에서 소년 워즈워스가 보트에 메어놓은 줄을 풀려는 순간 "우람하고 검은, 우람한 산봉우리"는, "힘 본능을 자의적으로 행사하려 함인가", 저승사자가 "머리를 치켜들고" 그의 멱살을 틀어쥐려는 듯이 느껴진다. 물에 빠져죽은 사람의 일화에서도 갑작스레 수면 위로 솟아오른 익사체의 얼굴 모습은 마치 "유령과도 같은 모습"으로 그를 자지러지게 한다. 죽음의 내재성, 그리고 평온해 보이는 자연경관 속으로 느닷없이 머리를 내미는 공포의 국면은 워즈워스의 어린 시절 묘사 대목에서 우리가 흔히 마주치게 되는 모티브이다. 어머니는 워즈워스 나이 여덟 살 때, 아버지는 열세 살 때 세상을 떠나며, 어머니가 세상을 떠난 뒤 형제자매들은 각기 자기를 받아줄 친척을 찾아 뿔뿔이 흩어진다. 그러므로 견디기 어려운 상실감과 추방감이 워즈워스의 자서전적 시의 이곳저곳에 스며드는 것은 지극히 당연한 일이다. 그래서 어린 시절 자연 속에서 맛보는 즐거움과 참여의식은 때로는 한층 더 어두운 분위기를 매개로, 심지어는 죽음을 향한 병적인 매력을 통하여, 균형에 도달하기도 한다.

1843년에 이사벨라 펜윅(Isabella Fenwick)이 받아 적은 노트를 보면, 어린 시절 워즈워스는 병적이리만치 죽음에 매력을 느끼면서도 자신의 죽음만은 완강히 부정한다. 그러면서 그는 눈에 보이는 세계가 "관념계의 나락"(abyss of idealism)으로 순식간에 사려져버릴 것만 같은 느낌에 사로잡혀 전전긍긍하며 담벼락을 꼭 붙잡는다거나 나무둥지를 어루만지는 등 "접촉의 직접성"(immediacy of touch)에 매달리곤 한다. 워즈워스의 시각적 이미지들은 관념계의 "비물질성"(immateriality)에 대한 두려움으로 인하여 물질성을 획득하곤 한다. 소년 워즈워스로 하여금 물질계로의 귀환을 가능케 하는 것은 울퉁불퉁한 담벼락이나 골이 깊이 페인 나무둥지를 만질 때의 경험, 즉 "접촉의 직접성"을 통해서이다.

그러나 성인의 나이로 접어든 워즈워스에게 "관념계의 나락"은 이제 더 이상 그의 정체성을 위협하는 것이 되지 못한다. 대신에 그는 경험적 세계의 구체적 사물성이라는 정반대

되는 성질의 것에 종속을 강요당한다. "어린 시절 바라보는 모든 사물들을 한껏 치장했던 꿈같은 생생함과 눈부신 광휘" 대신에 이제는 물질적 대상임을 끈질기게 주장하는 구체적 사물들의 불가항력적 현전(現前, presence) 때문에 시달려야 했다. "세찬 바람과 길길이 날뛰는 파도 앞에서" 눈을 통해 경험했던 두려움과 환희의 감정을 회상하면서도, 또 다른 곳에서는 "신체 일부로서의 눈"(the bodily eye)을 가리켜 "우리의 감각기관들 가운데 가장 횡포가 심한 기관"이라며 탄핵을 서슴지 않는다. 콜리지가 "눈의 횡포"(despotism of the eye)라 부른 이 시각작용은 '데카르트적 이분법'(Cartesian dualism)에 따라 인간을 정신 대 육체로, 세계를 인간 대 자연으로 명확하게 구분 지을 공산이 큰 것이다. 17세기 이래 영국에서 그것은 '연상인식론'(associationism)의 탈을 쓰고 알게 모르게 사회 곳곳에 스며들어 있었다. 소리와 촉감 같은 보다 직접적인 감각작용을 도외시한 채 시각적 데이터에만 의존할 경우, 우리의 마음은 사물의 차가운 물질성에 지배당할 위험이 적지 않은 것이다. '연상인식론'에 바탕을 둔 '철학적 물질주의'(the philosophical materialism)가 기승을 부리는 가운데 성인이 된 워즈워스는 꿈과 현실, 현실과 상상이 뒤섞인 어린 시절 광휘의 세계가 소멸되는 것을 가장 두려워하고 경계한다.

워즈워스의 초기시들 중에서도 특히 『묘사적 스케치』(Descriptive Sketches)는 주체와 객체의 엄격한 양분화를 표방하는 경험적 표현 양식으로 인하여 도처에 취약성을 드러낸다. 그림 같은 묘사로 일관하는 이 시들에서 시인은 적극 참여자가 아닌 초연한 관찰자의 포즈를 취한다. 그러나 원숙한 목소리의 출현과 더불어 어느덧 관광객의 초연한 자세는 사라지고 대신에 화자의 몰입과 참여를 극화하는 시들을 선보인다. 특히 『서정민요시집』(Lyrical Ballads)을 통해 워즈워스는 독자의 대리경험을 유도하는 한편 시인과 독자 모두의 적극적인 참여 의식을 일구어낸다. 이 시집을 준비할 당시 그는 자연물의 세부 국면들을 정확하게 묘사하는 "자연시"(nature poetry) 제작에 관심이 있었던 것이 아니다. 원숙기 그의 시들은 묘사적이지도 않거니와 극미한 부분들에 대해 자세히 서술하지도 않는다. 오히려 그것들은 시인이 확실하게 움켜쥔 감각적 이미지들을 통해 역동적 세계를 생생하게 환기하는, 조정 과정을 뛰어 넘은 경험의 시이다.

이 같은 유형의 시로 「훈계와 응답」(Expostulation and Reply)을 들 수 있다. 『서정민요시집』에 처음 발표된 이 시는 독자들에게 주는 친밀감으로 인하여 지배적 문학규범으로부터의 이탈이라는 이 시의 급진성을 간과하게 하는 측면이 있다. 개으르고 고집 센 학생을 꾸짖는 듯한 매튜의 질문은 대답을 기대하지 않는 수사적 질문의 형태로 이렇게 개진된다.

"윌리엄, 자네는 왜 반나절 동안이나

홀로 해묵은 회색 바위에 걸터앉아,
윌리엄, 자네는 왜 백일몽에 잠긴 채
시간을 헛되이 보내나?

자네 책들은 어디에 있지?
삭막하고 눈먼 이들에게 남겨진
그 빛은! — 어서, 빨리, 일어나,
죽은 이들이 남긴 영혼의 숨결을 들이마시게.

매튜의 이 질문에 윌리엄은 적극적으로 반응하며, 그의 반응에는 직접 발언하지 않는 내용까지도 암시되어 있다. 윌리엄은 "죽은 이들"이 쓴 책들을 놓고 매튜와 장단점을 논하려고도, "어머니 대지"(Mother Earth) 위에 걸터앉아 주변경관을 바라보는 자기 행위에 가치를 부여하려고도 하지 않는다. 매튜의 질문에 그런 식으로 반응하게 되면 자신도 모르는 사이에 매튜의 세계관 속으로 포섭될 가능성이 농후하기 때문이다. 매튜에게는 책이야말로 지식의 보고이며 시각작용이야말로 앎의 주요 방식이다. 그래서 윌리엄은 매튜의 질문에 이렇게 대답한다.

"눈이 있으면 보지 않을 도리가 없고,
귀더러 듣지 말랄 수는 없는 노릇이지.
우리 몸 또한, 그 몸이 어디에 있건,

> 의지에 따라, 또는 의지에 반하여,
> 무언가 느끼게 마련이지.

여기에서는 인간의 감각작용이 의식과 의지의 개입이 없이도 직간접으로 영향력을 행사하기 마련이라는 생각이 직설적으로 개진되고 있다. 그러나 이러한 선언을 경험적 현실의 상존(常存)을 주장하는 것으로 받아들여서는 안 된다. 감각작용을 통한 앎은 그 내용이 '과학'이 가르치는 것과는 다를 것이기 때문이다. 책을 통해 전수되는 지식이 과학이라면, 그러한 지식의 거부는 곧 근대 이후 서구사회를 지배해온 세속적 인본주의의 거부를 뜻한다. 르네상스 휴머니즘이 출현한 이래 책을 통한 지식의 습득은 다른 앎의 방식들과 접촉할 수 있는 기회를 끊임없이 무산시켜 왔다. 인쇄된 책은 지식습득은 물론 텍스트 분석과 논평의 대상으로 전락한지 오래고 그 과정에서 책의 '물신화'(fetishization)는 더욱 더 심화된다. 휴머니즘은 우리 인간도 생명력 넘치는 세계의 일원임을 인식하지 못하도록 우리 눈에 피막을 씌워왔던 것이다. 하지만 앎의 주체이자 유기적 존재인 인간도 먹고, 마시고, 숨쉬고, 잠자고, 꿈꾸는, 나날이 반복되는 자연계의 순환에 적극 참여하는, "한낱 동물에 지나지 않은 존재들"이기도 하다. 이어지는 연들에서 윌리엄은 이 같은 생각을 적극 개진함으로써 매튜를 침묵케 하는 동시에 그 과정에서 암암리에 권위를 획득한다.

우리의 의지작용과는 상관없이 우리 마음에 모종의 "상을 각인하는"(impress) 이 "강력한 힘들"(the Powers)의 실체는 과연 무엇인가? 이에 관하여 이 시는 구체적인 언급을 회피한다. 사실 이 시는 강력한 존재들의 성격을 의도적으로 불명확하게 처리한다는 인상마저 준다. 이 연은 바로 그러한 불명확성을 바탕으로 한층 더 명확한 앎의 방식들을 비판한다고 할 수 있다. 그리고 그 비판은 책을 통한 지식의 습득을 주요 대상으로 삼는다. 하늘과 땅에 알려진 모든 것, 알 가치가 있는 모든 것을 담고 있다고 여겨지는 책을 겨냥하는 것이다. 이와는 대조적으로 하생의 꿈결 같은 이 시 상태는 참으로 불가사의한 것으로, 과학적 탐구의 합리적 방법으로는 좀처럼 설명될 수 없는 성질의 것이다. 이 "힘들", 이 강력한 존재들로 다가가기 위해서는 소리와 접촉을 통한 직접경험뿐만 아니라 "현명한 수용력"(wise passive-ness)이 요구된다.

윌리엄은 이 "현명한 수용력"의 상태와 관련된 또 다른 질문을 제기함으로써 매튜를 더욱 더 당혹스럽게 한다. 윌리엄의 수사적 질문은 지식탐구를 고취하는 일이 습관이 된 선생님의 개신교적 노동윤리를 암시하는 동시에 그것을 부드럽게 희화화한다. 윌리엄은 매튜에게 묻는다. 자연은 "항시 말을 건네는 사물들의 강력한 총합"일진데, 적극적인 "추구"야말로 앎에 이르는 최상의 길이라고 어떻게 단언할 수 있는가? 그러나 수사적 질문의 부드러운 어조로 인하여 경험의 실질적 내용이 명확하게 규정되지 않은 채 다양한 해석의 가능성을 열어두고 있다. 그러므로 이 시는 합리적 탐구의 결과물들을 위한 규범을 제시하는 데 관심이 있기보다는 우리를 에워싼 사물들과의 "대화적 교환"(conversational exchange) 가능성을 타진한다고 하겠다.

가장 의미 있는 대화란 "혼자일 때" 오가는 것임을 상기시키는 마지막 연에서 대화의 모티브는 한 단계 더 발전한다.

> "— 그러니 왜, 여기, 홀로,
> 이 해묵은 회색 바위에 걸터앉아
> 자연물과 교감 나누며
> 헛되이 시간 보내냐고 다그치지 말게."

인간이 자연물들과 대화가 가능하다는 전제는 이 시의 반휴머니즘적 정서를 수용할 때 비로소 효력을 발생한다. 백일몽에 잠겨있는 윌리엄에게는 "해묵은 회색 바위"(old grey stone)가 학식 있는 친구보다 더 다정하고 같이 있으면 마음도 편한 친구로 느껴진다. 그렇다고 이 시의 어조가 인간에 적대적인 것은 아니다. 이 시에서 윌리엄은 매튜를 "나의 좋은 친구"(my good friend)라 부르고 있다. 그럼에도 불구하고 이 시는 과학적, 합리적, 인본주의적 앎의 방식들에 대하여 심각하게 의문을 제기하는 한편 신랄한 비판을 암암리에 내비치기도 한다. 셰익스피어의 '아든 숲'(Forest of Arden)에 거주하는 궁정 귀족들이 "재잘거리는 시냇물에서 책을" 발견하고, "[굴러다니는] 돌에서 설교를"(books in the babbling brooks, and sermons in stones) 들을 수 있었던 것과 같은 맥락에서, 박학다식에 바탕을 둔 담론방식을 내팽개쳐 버린 대가로 윌리엄에게 한층 더 귀중한 보상이 주어지는 것이다.

「훈계와 응답」은 두 논쟁당사자의 언술 모두가 독자의 귀에 똑 같이 전달된다는 점에서 매우 괄목할 만한 시이다. 매튜가 책벌레로 비쳐지는 것과 마찬가지로, 책을 통한 지식의 습득을 거부하는 윌리엄 또한 다소 방어적이고 심지어는 독선적인 인물로 비쳐지기도 한다. 이 시는 입장이 다른 두 사람에게 발언의 기회를 똑 같이 허용함으로써 독자로 하여금 두 입장 모두의 한계에 대하여 곰곰이 생각하게 하는 것이다. 『서정민요시집』에서 「훈계와 응답」 다음에 이어지는 시 「형세 역전」(Tables Turned)은 이와 동일한 주제를 이야기하며 형식면에서는 훨씬 더 급진적이라 할 수 있다.

이 시는 책을 통한 지식의 습득에 여념이 없는 "친구"를 상대로 자기 생각을 이야기하는 형식을 취한다. "같은 주제를 두고, 어느 날 저녁 광경"이란 부제가 붙은 것으로 보아 대화상대자는 「훈계와 응답」의 매튜일 가능성이 높다. 그러나 화자(시인)는 의인화된 "태양"과 "숲속의 방울새"를 실질적 대화 상대자로 삼고 싶어 한다. 태양은 주변 들판을 온통 "초저녁의 부드러운 노란색"으로 색칠하고, 방울새의 달콤한 노래는 책에서 발견할 수 없는 지혜를 선사하기 때문이다. 세상을 변화시키는 황혼녘의 부드러운 햇살 아래서 시인은 뉴턴적 과학으로 인하여 차갑게 굳어진 사물들을 바라보며 그것들을 활기 넘치는 생명체로 인식한다.

> 들어보라! 굴뚝새의 즐거운 노랫소리!
> 그 새 또한 훌륭한 설교가인 것을.
> 어서 사물의 빛 속으로 걸어 나와
> 자연을 자네의 스승으로 삼게나.
>
> 자연은 우리 마음 축복해 줄
> 부귀영화 가득한 세계인 것을 —
> 건강한 숨결 넘쳐나는 지혜인 것을,
> 명랑한 숨결 가득한 진리인 것을.

인간은 사물의 내부를 자세히 들여다보기 위함이란 명분을 내걸고 사물의 온갖 부분들을 "절단"함으로써 생명체를 죽음으로 내몬다. 분석적 이성이란 고작해야 "사물의 아름다운 모습들을 일그러뜨릴 뿐"임에 반하여 "자연이 가져다주는 지식"은 더욱 더 "달콤하다". 워즈워스는 18세기 자연사 박물지의 해악을 너무나 잘 인식하고 있었다. 18세기 서구유럽의 자연과학은 생명체와 주거환경 간의 상호관계를 연구하려 하기보다는 채집한 표본을 무자비하게 "절단하여" 관찰하는 해부학적 방식에 의존해 왔다. 그래서 윌리엄(시인)은 친구이자 선생인 매튜(독자)를 향하여, 과학적 지식들로 가득한 "메마른" 책장을 덮어버리고, 마음의 문을 활짝 열어, 자연으로부터 직접 배우기를 요구하는 것이다.

마지막 연의 "메마른 책장"은 둘째 연 "긴 초록 들판"의 풍요로운 잎사귀들과 대조를 이루고 있다. 생태적 인식과 관련된 급진적 신조를 표방하는 이 시는 몇몇 선언적 언술의 경우 설교석이며 심지어는 독선적으로 비춰지기도 하지만 성마른 단언적 진술의 이면에는 인간의 가능성에 대한 보다 포괄적인 비전이 존재한다. 그것을 위해서는 직설적으로 심지어는 독선적으로 비쳐지는 스타일상의 위험도 감수할 용의가 있는 것이다. 이 시는 서구 과학지식의 전통 자체를 전복시키는 한편 생기 넘치는 자연 속에서 인간이 수행해야 할 새로운 과제와 역할을 제안한다. 시의 본령, 그리고 시인의 임무는 인간을 포함한 모든 자연물들과의 교감, 즉 넓은 의미의 대화를 지향하는 데 있다. 자기정체성과 자기 확신과 스타일상의 '격식'(decorum)을 어느 정도 희생하는 한이 있더라도, 비인간적인 목소리들을 대화의 장으로 끌어내어 대화와 교감을 통한 갱생의 길로 이끄는 것이야말로 시인의 임무이자 시의 본령이다. 초창기 보수진영 논객들의 우려에 화답이라도 하듯, 『서정민요시집』을 통해 워즈워스는 오랫동안 문학적 취향을 유지시켜 온 여러 법칙들의 지반을 무너뜨리고 지혜의 지름길이라 여겨 온 수많은 신조들에 결정적 타격을 가한다. 그리고 그 같은 입장은 또한 오늘날 급진적 생태론자의 다음과 같은 주장을 예견케 하고도 남음이 있다.

> 오늘날 과학기술의 힘이 막강하고, 부분적이나마 과학기술 수준이 찬탄할만한 것이라 해도, 과학은 여전히 우리의 삶의 바탕과 이 세상과 우주의 근원적인 진리를 해명하는 데에는 너무나 미약하고 부적절한 수단밖에 가지고 있지 않다는 사실에 우리는 주목해야 한다. 하물며, 기계론적 우주관과 선형적 진보사관에 의지하여 전개되어 온 지난 수세기의 근대과학기술의 성과는 이제 인류의 파멸까지도 배제하지 않는 지구생태계의 대 재난을 초래하는 데 결정적인 기여를 해 온 것이 아닌가? 삶의 태반을 망가뜨리면서 그것을 진보와 발전이라고 믿어 온 것은 실로 우매의 극치라 할 만하고, 완전한 미치광이 짓이라고 할 수밖에 없다. 과학과 기술에 대한 인간의 본질적 관계, 그리고 근대과학의 근본 가정에 깔려 있는 폭력성에 대한 뿌리로부터의 철저한 반성 없이, 계속하여 더 많은 과학과 더 정교한 기술만을 구한다면 파멸은 불가피할 것이다.
> (김종철, 「창간사 — 생명의 문화를 위하여」 『녹생평론선집 1』 12.)

드발과 세션스(Bill Devall & George Sessions)의 '심층생태학'(deep ecology) 이론에 의하면, 인간의 '생태의식'은 "자아실현"(self-realization)과 "생명중심적 평등"(biocentric equality) 사상을 바탕으로 구성되고 전개된다(66~67). 자연계란 거대한 생명체와도 같아서 그 생명체의 건강이 유지될 때에만 그 안에 서식하는 생명체들도 각기 자신의 잠재력을 발휘하면서 자아를 실현할 수 있다는 것이다. 그리고 자기 생명을 유지하고 꽃피우고 실현하는 과정에서 모든 생명체의 권리는 평등하다는 것이다. 드발과 세션스는 심층생태학의 "자아실현 규범"과 관련하여 이렇게 서술한다.

　영적 성장은 우리가 우리 자신을 고립되고 편협한 경쟁적 자아로 보지 않고 우리 가족과 친구로부터 궁극적으로는 인류 전체에 이르는 다른 인간들과 동일시하기 시작할 때 비로소 시작된다. 그런데 심층생태학의 자아 개념은 더한층 성숙과 성장을 요구한다. 즉 현금의 문화적 가설과 가치 그리고 인습적 지혜를 넘어서야 한다는 것이다. … '참된 노력'이란 '대자아 속에서 소자아의 실현'으로 요약될 수 있으며, 여기서 '대자아'란 유기적 전체를 말한다. 또한 자아실현의 과정은 "우리 모두가 구원받기까지는 아무도 구원받지 못 한다"는 표현으로 요약될 수 있다. 여기서 '(대)자아'란 한 개인으로서의 나뿐만 아니라 모든 인간, 고래, 큰곰, 열대우림 생태계, 산과 강,

토양 속의 작은 미생물 등 이 모두를 포괄하는 개념이다.

(Devall & Sessions 67)

드발과 세션스가 '대자아'(Self)라 부르는 이 거대한 유기체는 자기조절 능력을 갖추고 있어 온갖 생명체가 살아가기에 적합한 조건을 조성하면서 생태계 전반의 균형을 유지한다. 그러나 이 유기체가 병이 들어 회복불능 상태가 되면 대자아의 일부분인 '소자아'(self)들도 더 이상 잠재력을 발휘하지 못하고 멸종 위기에 처하게 된다. 그러므로 환경위기 극복을 위해서는 무엇보다도 사람들의 마음속에 생태의식이 단단히 뿌리내릴 수 있도록 여건을 조성하는 것이 필요하다.

「틴턴 수도원」에서도 『서곡』에서도 워즈워스는 육신과 영혼을 지닌 거대한 생명체로서의 자연을 노래한다. 살아 숨 쉬는 생태계 내에서 모든 사물들은 생태적 평등과 생태적 존엄을 바탕으로 서로 연결되어 있고 그 속에서 자기 존재를 실현해 나간다. 그래서 시인은 "지는 해의 빛", "둥근 대양", "살아 숨 쉬는 대기", "푸른 하늘", "인간의 마음" 속에 깃들인 신성을 감지하며 전율한다.

> 고양된 생각과 환희로 날 들쑤셔대는
> 어떤 존재를 난 감지했다네.
> 한층 더 깊이 침투된 그 무엇이 존재한다는

숭엄한 느낌,
그것의 처소(處所)는 지는 해의 빛 속에,
둥근 대양과 살아 숨 쉬는 대기 속에,
푸른 하늘과 인간의 마음속에 존재한다.
그것은 하나의 운동이자 하나의 혼령,
의식이 있는 모든 사물과
온갖 사색의 모든 대상들을 충동질하며,
모든 사물들 속을 굴러다닌다네.

이렇듯 자연을 혼령이 깃든 하나의 거대한 유기체로 보는 마음의 상태는 심층생태론자들이 말하는 생태의식에 바싹 다가가 있다. 프리조프 카프라(Fritjof Capra)가 주장하듯이, 심층생태학적 인식은 궁극적으로 "영적 또는 종교적 인식"으로 이행하기 마련이다. 개인들 각자가 전체로서의 우주에 속해 있을 뿐만 아니라 서로 연결되어 있다는 느낌을 가질 때 인간의 의식은 영적 상태로 고양된다. 그러므로 심층생태학적 인식에 기초를 둔 영적 전통과 실재상(實在像)은 기독교 신비주의자들의 영성(靈性)이든, 불교의 영성이든, 또는 아메리칸 인디언들의 전통 속에 내재되어 있는 철학과 우주론을 이야기하는 것이든, 동서양의 신비주의 전통과 맥이 닿게 마련인 것이다.

거대한 생명체로서 생태계가 알프스 산의 가파른 '심플론재'를 넘을 때의 인상을 노래한 『서곡』에서는 이렇게 재현된다.

　　　　측량할 길 없이 높이 솟아오른
썩어가는, 결코 다 썩어버릴 수 없는 나무들
폭발음을 쏟아 붓는 정지된 폭포들
방향 틀 때마다 좁은 바위틈새에서는
을씨년스럽게 맞받아치는 황량한 바람소리
맑고 푸른 하늘에서 쏟아져 내리는 급류
귓가에 바짝 다가와 웅얼거리는 바위들
길가에서 말 주고받으며
물방울 줄-줄 흘려대는 검은 암벽들
길길이 날뛰는 급류가 불꽃을 튀기며
정신을 혼미케 하는 아찔한 광경
족쇄 풀린 구름과 겹겹이 쌓인 대기층
동요(動搖)와 평화, 암흑과 빛 ―
그 모두가 동일한 마음의 서로 다른 작용들
같은 얼굴의 서로 다른 모습들
한 그루 나무에 피어난 꽃들 마냥
처음도 끝도 중간도 종말도 없는
영원의 유형이자 상징들이다.

시인의 마음이 감각적 체험에 의해 최고로 고조되는 가운데 시인의 마음도 물리적 자연도 녹아내리고, 그 결과 둘 모두가 묵시적 상태로 이행하고 있다. 시인의 영혼은 자연의 혼과 뒤섞여 함께 살아 숨 쉰다. 알프스 정경 묘사는 대단히 구체적인 살아 숨 쉬는 자연물들로 이루어지며, 그 모두가 시인의 애정 어린 눈과 귀를 통해 섬세하게 포착된다. 워즈워스에게 시란 "내면[인간의 마음]과 외부[자연]에 존재하는 두 실체가 서로를 끌어올려 고귀한 것으로 만드는 교감"(ennobling interchange of action from within and from without)의 순간을 기록하는 것이기에, 생태시인답게 그는 끊임없이 교감의 순간들을 찾아 나선다.

워즈워스의 시 전집을 보면 온갖 식물과 온갖 새들이 등장한다. 식물로는 수선화, 앵초, 데이지, 애기똥풀, 들장미, 가시나무 등이 있고, 새로는 뻐꾸기, 나이팅게일, 독수리, 비둘기, 개똥벌레, 방울새, 종달새, 참새 등이 있다. 작품 제목에 거론되는 인물들로는 거지, 눈먼 소년, 홀아비, 버림받은 여자, 죄수, 이민 온 어머니, 여자 어부, 집시, 백치 소년, 목동, 무덤 파는 일꾼, 늙은 사냥꾼, 도둑, 마부, 미친 여자, 떠돌이 노인 등 대부분 산업화 과정에서 소외된 인간들이며, 시인은 이들과 생태계의 일원으로서 공동체적 연대감을 느낀다. 산골처녀 루시를 한갓 미물에 불과한 제비꽃에 비유하는 다음 시를 보면 워즈워스의 생명존중과 생명평등 사상을 곧바로 감지할 수 있을 것이다.

> 그녀는 인적이 드문 곳에 살았네,
> 　더브강 상류 어드메 물이 샘솟는 곳.
> 칭찬해줄 이 아무도 없고

사랑해줄 이도 없는 아가씨였지.

이끼 낀 바위틈에 피어난 한 떨기 제비꽃,
　사람 눈에 절반은 가리웠었지!
— 하늘에 별 하나 반짝일 때의
　그 별처럼 그녀는 아름다웠네.

루시의 존재도, 숨을 거둔 사실도,
　아는 이가 거의 없었다네.
그러나 그녀는 무덤 속에 있고,
　아, 내 삶은 얼마나 달라졌나!

　이 시에서 루시는 "이끼 낀 바위틈에 피어난 한 떨기 제비꽃"에 비유되고 있다. 이 꽃은 그야말로 하찮은 들꽃이며, 물신숭배가 보편화된 현대사회의 가치 척도로 보면 무가치한 존재에 지나지 않는다. 이 꽃이 피어있는 장소는 깊은 산속 좁처럼 사람의 발길이 닿지 않는 곳이다. 그마저도 이끼 낀 바위에 반쯤 가려져 있어 눈에 잘 띄지 않는다. 그러나 시인에게 이 하찮은 들꽃은 초저녁 하늘에 홀로 빛을 발하는 저녁별처럼 고귀한 존재로 인식되고 있다. 제비꽃을 미의 여신 비너스(Venus)의 화신인 저녁별(金星)과 동일시하는 생명존중 생명평등의 윤리로 인하여 산골처녀 루시도 어느덧 여신의 위치로 격상된다.

이처럼 워즈워스의 시 세계에서는 무생물에서 식물과 동물 그리고 인간에 이르기까지 모든 자연물은 존재의 사슬을 이루며 나름대로 자신에게 주어진 역할을 충실히 수행한다. 오늘날 세계 전역에서 인간을 옭아매는 인간중심주의는 세상만물은 인간이 이용하도록 창조되었다는 기독교적 세계관과 서구 과학사상의 합작품이다. 둘 모두에게 세상 만물은 인간이 이용하도록 창조되었다고 믿기 때문이다. 서구 기독교사상과 과학사상은 인간과 자연을 인간답게 자연답게 가만히 놓아두는 법이 없이 언제 어디서나 몰아세우는 데에만 급급하기에, 인간도 자연도 피폐할 대로 피폐해지게 마련인 것이다. 그러기에 하찮은 미물에서부터 인간에 이르기까지 모든 생명체의 내재적 가치는 동등하다는 믿음이 우리 마음속에 내면화되고 그래서 인간이 각자 자기초월로 나아갈 때 현금의 환경위기도 다소 완화될 수 있을 것임을 바슬라프 하벨(Václav Havel)은 이렇게 선언한다.[1]

오늘날의 복합문화적 세계에서 평화공존과 창조적 협동에 이르는 참으로 믿을 만한 길은 모든 문화의 뿌리에 놓여 있는 것 — 정치적 의견이나 확신, 증오나 공감보다

---

[1] 1990년대 초반기에 체코슬로바키아의 대통령을 지낸 바 있는 하벨은 원래는 극작가이자 에세이스트였다. 동유럽이 공산당 관료독재체제 하에서 신음하던 1970년대에 그는 지식인 그룹의 선두에서 민주화운동을 조직 지휘하였다.

는 인간의 마음과 정신 속 저 깊은 곳에 놓여 있는 어떤 것으로부터 출발되어야 한다고 말할 수 있다. 그 출발점은 자기 초월에 뿌리를 두고 있어야 한다. 초월이란 우리 가까이 있는 사람들뿐 아니라 외국인들 나아가 인류공동체 그리고 모든 생명체, 자연, 우주로 뻗치는 손길이다. 초월은 우리 자신이 아닌 것, 우리가 이해하지 못하는 것 그러나 우리와 함께 하나의 세계를 구성하고 있기에 우리와 신비롭게 연결되어 있는 것과 조화를 이루어야 될 필요를 기쁜 마음으로 깊이 경험하는 것이다. 자기초월이야말로 인류의 지속적인 생존을 위한 유일한 참다운 대안이다.

(「자기초월을 위하여」, 『녹색평론』 22, 83)

요컨대, 워즈워스 초록시편들은 심층생태학적이다. 존재하는 모든 자연물들에 대한 사랑과 연민, 그리고 그로부터 비롯되는 경외감은 워즈워스의 녹색상상력을 추진하는 동력이 된다. 한 포기 들꽃을 사랑하고, 버려진 돌멩이 하나에서도 고유의 가치를 발견하는 녹색상상력의 작용은 생태의식의 발현을 통해 가능하기에, 김소월의 「산유화」에서처럼 워즈워스의 '루시 시편'을 읽을 때에도 은은한 녹색정취에 흠뻑 젖어들 수 있는 것이다.[2]

---

[2] 이남호, 『녹색을 위한 문학』, 25~28. "산에는 꽃 피네/ 꽃이 피네/ 갈 봄 여름 없이/ 꽃이 피네// 산에/ 산에/ 피는 꽃은/ 저만치 혼자서 피어 있네// 산에서 우는 작은 새여/ 꽃이 좋아/

야성과 공동체

『서정민요시집』에 수록된 시들 중에는 떠나감과 돌아옴의 모티프에 의해 서로 연결되는 경우가 많다. 떠나감과 돌아옴의 이야기 모형은 시모음집의 서두를 장식하는 콜리지의 「늙은 뱃사람의 노래」(The Rime of the Ancient Mariner)에 의해 처음부터 기초가 탄탄히 다져진다. 이 시의 주인공 '매리너'는 배를 타고 탐험길에 오르는데, 엄청난 시련을 겪은 뒤에 새 사람이 되어 고향으로 돌아온다. 호머의 『오딧세이』(Odyssey)에서 문학적 원형을 찾을 수 있는 이 서사모형은 워즈워스의 「천치소년」(The Idiot Boy)에서도 반복된다. 이 시에서 베티 포이(Betty Foy)가 이웃에 사는 과부 수잔 게일(Susan Gale)의 배앓이를 치료할 의사를 모셔오기 위하여 한밤중임에도 천치아들 자니(Johnny)를 말 태워 읍내로 보낸다. 이 소년은 천치답게 어머니가 시킨 일 따위는 까맣게 잊어버리고 콧노래를 부르며 달빛 부서지는 숲 속을 헤매다가 아침녘에 그를 찾아 나선 어머니와 마을사람들에게 발견된다. 그런데 숲에서 돌아온 이 천치소년은 예전과는 매우 다른 모습을 보이며, 그의 변화는 마

산에서/ 사노라네// 산에는 꽃 지네/ 꽃이 지네/ 갈 봄 여름 없이/ 꽃이 지네." 김소월, 『김소월 전집』, 김용직 편, 195. 「산유화」에 대한 생태적 해석으로는 이남호의 것 외에도 김춘수 ("김소월론", 〈현대시학〉 1969년 6월호); 김종길 ("시를 어떻게 읽을 것인가", 〈심상〉 1974년 1월호; 김용직 ("소월 시의 앰비귀이티", 『한국문학의 비평적 성찰』, 174); 김욱동, 『생태학적 상상력』, 141~144 등이 있다.

을 사람들 모두에게 확산된다. 숲 속에서 자니는 개울물에 비친 달을 건지려 한다든지 하늘에 떠 있는 달을 따서 주머니에 넣으려 한다. 또 그는 올빼미 울음소리를 닭의 울음소리로, 달을 해로 인지한다. 마을 사람들이 너나없이 걱정하고 있던 중인지라 자니가 무사히 돌아오자 수전의 배앓이는 씻은 듯이 사라지고, 베티 또한 평소에 아들을 얼마나 사랑하고 있었는지 새삼 깨닫는다. 이 소년이 경험한 한밤중 숲의 세계는 친숙한 세계의 경계 너머에 존재하는 또 다른 세계, 과학적인 지식으로는 넘볼 수 없는 신비 가득한 생태계이다.

『서정민요시집』에 수록된 시들 중에서도 「떠돌이여자」는 정치성이 가장 직설적으로 표출된 시일 것이다. 지주들에 대한 워즈워스의 냉혹한 비판은, 영국의 군사모험주의에 대한 비판이라든지 오갈 데 없는 부랑자들의 처지에 대한 우려 등, 보다 폭넓은 일련의 정치적 관심사들과 불가분의 관계에 있는 것이 사실이며, 그래서 그러한 정치적 입장은 일반적으로 프랑스혁명의 이데올로기를 명확하게 표현한 것으로 받아들여져 왔다. 하지만 그런 입장이 혁명에 대한 워즈워스의 열광이 보수적 입장으로 바뀌고 난 뒤에도 지속되는 것으로 보아 그의 마음속 깊은 곳에 둥지를 튼 일련의 믿음과 관심들로부터 출현한다고 하겠다. 정치적 방향성은 변하지만 군대-산업복합체가 시골의 전통적 생활방식에 악영향을 줄 경우 그에 대한 반대 입장은 평생토록 지속된다. 워즈워스는 영국 전원마을의 "개발"과 "개선"에 지속적으로 반대할 뿐만 아니라, 생계유지 차원의 농업생산 방식과 시골의 전통가옥과 사람의 발길이 닿지 않은 자연을 보전해야 한다는 입장에는 타협의 여지가 없다. 전원마을의 전통적 생활방식을 보존해야 한다는 입장에서도, 집 없는 이들뿐만 아니라 문명의 울타리 너머에 존재하는 야생 피조물들에 대한 관심과 배려의 측면에서도, 워즈워스는 급진적이리만치 개혁적인 시인이자 시대를 앞선 선각자였다. 이러한 문제들에 대한 지속적인 관심의 측면에서 그는 20세기 환경운동의 몇몇 주요 관심사들에 대한 올바른 대처 방안을 사전에 예시하였다.

이 같은 환경적 문제들은 「천치소년」에도 암시된다. 콜리지의 "늙은 뱃사람"처럼 이 시의 주인공 천치소년도 문명(文明)이 경계를 넘어 야성(野性)의 세계로 진입했다가 다시 문명의 세계로 돌아와 자기 경험을 이야기한다. 그러나 천치소년 자니는 매리너와는 달리 자기 경험을 알아듣기 쉽게 이야기하지 못한다. 어둠 속 숲의 이야기는 듣는 이로 하여금 경험의 속살을 얼핏 들여다보게 할 뿐 경험 전체를 속속들이 드러내 보이지는 않는다.

"수탉이 투-후, 투-후, 울음 울고,
햇살은 너무나도 차갑게 비쳤어요."
— 자니는 의기양양해 하며 이렇게 대답했고,

이것이 그가 한 여행이야기의 전부였다네.

자니의 이야기는 올빼미의 울음소리와 차가운 달빛에 관한 것으로, 그에게 그것들은 통상적 경험의 영역 너머에 존재하는 것들이며, 그래서 그것들을 표현할 석절한 단어가 떠오를 리 없다. 그러기에 그는 닭과 햇빛이라는 자기가 평소에 익히 아는 사물들의 맥락에서 그것들을 은유적으로 묘사하는 것이다. 그러나 알려지지 않은 존재를 알려진 존재에 동화시키는 행위야말로 어둠의 세계에 깃든 야생동물의 신비한 '타자성'(otherness, alterity)을 증언하는 것이다. 달빛 부서지는 숲은 일상적 경험의 울타리 너머에 존재하는 영역이며, 그곳의 감각적 강렬함을 전달하기 위해 자니는, 심지어는 야생의 피조물들과의 마주침을 묘사하는 지극히 짧은 대목에서조차도, 시각뿐만 아니라 청각과 촉각의 이미지들을 사용한다. 시의 서두에도 나타나는 올빼미의 울음소리는 독자들의 마음속에 불가해한 의미의 파동을 일으키며 공명한다. 어둠 속 숲의 소리들은, 그 의미를 속속들이 알 길은 없으나, 문명과 통상적 인식 그리고 인간의 언어를 넘어선 곳에 또 다른 세계가 펼쳐져 있음을 일깨워주는 것이다.

자니의 귀환은 마을사람들 모두의 마음을 정화시킨다. 베티 포이가 천치아들을 엄청난 위험에 빠뜨릴 정도로 자기를 배려한다는 사실을 깨닫는 순간 수전 게일의 배앓이는 기적

과도 같이 말끔히 낫는다. 따라서 수전의 배앓이는 이웃주민들의 무관심에서 비롯된 '정신질환 환자'(psychosomatic)의 증세로, 주위사람들의 도움 또는 관심을 끌기 위한 무의식적 생존전략인 셈이다. 베티의 경우에도, 아들이 죽었을지 모른다는 생각에 정신이 아득해진 그녀는 평소에 아들을 얼마나 사랑하고 있었는지 새삼 깨닫는다. 그러던 와중에 아들이 돌아오자 그녀의 기쁨은 황홀의 문턱을 넘나든다. 자니도 외면상으로는 주변에서 일어나는 극적인 일을 전혀 눈치 채지 못하는 것처럼 비쳐지지만, 달빛 부서지는 숲 속의 경험을 가슴에 품고 집으로 돌아온 그는, "늙은 뱃사람"이 그러했듯이, 기괴한 경험을 곧이곧대로 전달할 수 있는 "이상야릇한 말솜씨"(strange power of speech)가 자기 가슴속에 자리 잡고 있음을 알게 된다. 자니와 야성의 세계의 대면은 마을사람들 모두의 병든 마음을 치료해줄 정도로 대단히 긍정적인 효력을 배태한다. 이제 무관심을 떨쳐버린 그들은 남을 배려할 줄 아는, 한층 더 결속된 공동체의 일원으로 변화되는 것이다.

이렇듯 '야성'(wildness)에는 물의 순환이나 바람의 이동 등 생태계의 주요 현상들을 가동시키는 또는 자가발전(自家發電)시키는 자기조직력(自己組織力, self-organizing force)이 내재되어 있다. 개리 스나이더(Gary Snyder)에 의하면(A Place in Space), 야성은 자연의 본질적 요소로서, 인간의 의식에 투영될 때 그것은 개방된 앎의 방식으로 이행하며, 상상력으로 넘쳐날 뿐만 아니라, 민첩한 생존 지혜의 원천이 되기도 한다. 인간의 마음이 넉넉할 때면 거기에는 언제나 자기조직을 가능케 하는 야성이 존재한다고 할 수 있다.

야성과의 접촉을 통한 인식의 변화는 『서정민요시집』의 마지막 시 「틴턴 수도원」(Tintern Abbey)의 주요 주제이기도 하다. 이 시의 첫 단락에서 워즈워스는 오년이란 세월이 흐른 뒤 '와이강'(Wye River) 유역을 다시 찾았을 때 맛본 "달콤한 감흥"(sensations sweet)을 감동적으로 노래한 바 있다.

잉글랜드의 남서부 지역에 위치한 와이강 유역이 그 당시 원시적 상태를 보존하고 있었던 것은 아니다. 1790년대에 그곳은 제철, 제혁, 숯 만들기 등 소규모 산업단지였고, 그래서 이들 산업의 중독성 부산물로 인한 하천오염은 심각할 정도에 이른다. "나무 사이로, 정적이 감도는 가운데, 피어오르는/화환 모양의 연기"는 그 지방 제철소에서 사용할 숯을 만드는 일에 여념이 없는 숯쟁이의 존재를 말하여 준다. 숯쟁이 한 사람 한 사람의 폐해는 그리 심각하지 않은 것으로 비쳐질지 모르나, 18세기 영국에서 숯만들기로 인한 폐해는 산림 전체를 거덜 낼 지경으로까지 발전한다. 워즈워스도 산업화로 인한 자연훼손을 모르는 바는 아니었으나 (불유쾌한 변화에 대한 침묵은 후대 생태론자들을 곤혹스럽게 하지만) 야성을 간직한 자연에 초점을 맞추어 "격리된, 야성 풍경"(wild, secluded scene)을 재현한다.

이 시가 지어질 당시 와이강 유역에는 농사와 축산과 가내 수공업 등에 종사하는 사람들로 북적였다고 한다. 그럼에도 워즈워스는 그 지방 특유의 초록빛 풍요로움과 원시성을 강조하고 있다. 와이강 유역은 원시성을 간직하고 있었으나 그렇다고 원시적 상태를 온전히 "보전"(保全)했던 것은 아니다. 원시적이라 해도 과언이 아닐 정도로 무성하게 자란 산울타리 관목들의 묘사를 매개로 이 시는 인간과 야성의 평화공존을 강조한다. 원래 이 산울타리 나무들은 가축의 울타리 용도로 심었던 것인데 이제는 너무나 무성하게 자란 나머지, 다양한 동식물들의 서식지 역할도 한다. 한때는 이 지방 전역에서 볼 수 있던 생태적 다양성과 원시적 생태계의 모습을 이 산울타리는 아직도 보존하고 있다. 그래서 워즈워스는 이 지역 "전원 농장들"이 그 농장들을 에워싼 원시적 자연과 완벽하리만치 조화를 이루는 것으로 묘사하는 것이다.

　『서정민요시집』에 수록된 다른 시들과 마찬가지로 「틴턴 수도원」도 떠나감과 돌아옴의 주제에 깊은 관심을 보인다. 오년 전에 처음 방문했던 곳을 다시 찾은 시인은 변하지 않았음이 분명한 자연경관을 바라보며 지극한 기쁨을 맛본다. 인간의 지속적인 개입에도 불구하고 자연은 여전히 아름다움을 간직하고 있는 것이다. 친숙한 자연으로의 귀환과 더불어 본래의 모습을 아직도 간직한 자연은 이제 시인으로 하여금 자연을 떠나있는 동안에 야기된 자기 자신의 변화에 대하여 생각게 한다. 틴턴 수도원을 처음 방문했을 당시 시인은 아직도 사춘기를 갓 지난 소년이었고 그래서 마치 야생동물처럼 자연에 반응하였다.

>... 그때 난
> 노루처럼 뛰어다녔지, 자연이 이끄는 대로
> 산과 계곡을, 깊은 강과 외로운 시냇가를 —
> 사랑 찾아 헤매는 사람이기보다는 오히려
> 두려움의 대상에 쫓겨 달아나는 사람마냥...
>   요란한 폭포는
> 열병처럼 날 따라다니고,
> 산과 거대한 바위, 깊고 어두운 숲,
> 그것들의 색깔과 모습 모두가
> 내겐 식욕과도 같은 것이었지...
> 그 시절 다 사라져 버리고,
> 고통스런 환희도 더 이상 찾을 길 없네,
> 현기증 나는 그 모든 황홀도.

이 야생의 영토와 처음으로 대면했을 때 시인의 반응은 사랑과 두려움이 뒤엉킨 것이었다. 그때의 경험이 얼마나 강렬했던지, 성인이 된 뒤에 그는 그때의 경험을 재현할 적절한 말을 찾을 수가 없지만, 본질적으로 그것은 천치소년이 경험했던 신비한 자연의 "강력한 힘"과도 맥을 같이 하는 것이다.

이어서 시인은 "아찔한 황홀"을 상실한 대가로 주어진 "풍부한 보상"에 대하여 서술하는데, 성인이 된 지금 자연을 다시 찾은 시인은 "한층 더 깊이 침투된 그 무엇이 존재한다는/ 숭고한 느낌"에 빠져들면서 전율한다. 그러나 그 같은 보상이 주어졌다고 해서 상실의 아쉬움이 없는 것은 아니다. 마지막 부분에서 시인은 줄곧 그의 곁에 서 있었을 것임이 분명한 누이동생 도로시(Dorothy)에게로 향한다. "야성이 깃든 그대 눈망울이/ 발산하는 빛"에서 그는 지난날 자신의 모습을 보며, 도로시가 자연에 대한 현재의 감수성을 언제까지나 간직하게 되기를 기원한다. 마지막 시절(詩節)에서 "야성적"란 단어가 도로시의 "야성이 깃든 눈망울", 그리고 자연과 대면했을 때의 "야성적 황홀"과 관련하여 세 번씩이나 사용되는 것으로 보아, 지금은 그러한 황홀을 경험할 수 없다 하더라도, 자연에 대한 열정적 반응에 더 큰 가치를 두고 있음이 분명하다.

생태적 관점에서 볼 때 「틴턴 수도원」은 인간과 자연 간의 올바른 관계 정립을 위해 두 가지 문제를 제기하고 있다. 인간과 자연의 조화와 공존을 그려 보이는 이 시의 서두부분에서 시골 농가는 "문 앞까지 바싹 초록 일색이며", 또 농부는 산울타리가 무성하게 자라도록 방치함으로써 그 지역에 잔존하는 생태계의 원시성을 보존한다. 그러나 숯쟁이들의 파괴행위가 지척에서 기승을 부리고 있음을 감안할 때, 생계유지 차원의 전통적 농업생산 방식이 과연 언제까지 지속될 수 있을

지는 의문인 것이다. 또 하나의 문제는 야성의 존속 가능성에 대해서이다. 천치소년의 야성 경험은 마을사람들의 얼어붙은 마음을 녹이고 병든 이를 치유하는 효과를 산출하였다. 그리고 「틴턴 수도원」을 보면, 어린 시절 시인은 야생동물마냥 산과 들판을 뛰어다녔고, 어른이 된 지금은 누이동생 도로시가 그 같은 야성을 평생토록 간직하게 되기를 기원한다.

그렇다면 워즈워스에게서 공동체의 정신은 '떠돌이여자', '천치소년', '도로시', '거머리잡이', '컴버랜드의 늙은 거지' 등 야성을 간직한 도전적 방랑자들의 소외와 고립으로 대치되었다고 결론지어도 좋을 듯하다. 레이먼드 윌리엄스(Raymond Williams)의 통찰에 기대어 말하자면(The Country and the City, 158~159), 워즈워스의 시적 생태계 내에서 인간애나 동포애의 본능을 자극하는 것은 공동체 의식도 저항의 정신도 아니며, "이 외로운 존재,/ 이 힘없는 방랑자"의 처지에 대한 동정과 공감에서 인간애와 동포애가 용솟음치기 시작한다. 그러기에 그의 시에서 "근원적 고립과 침묵과 외로움"은 일상적 사회의 차가움과 경직된 금욕주의와 자기만의 안락에 대항하는, 자연과 공동체의 유일한 속성으로 재현되는 것이다. 뿐만 아니라 이 외로운 방랑자들에게 자연은 두 가지 원리를 내포하는 것으로 인식되는데, 『서곡』에서 시인이 노래하는 "질서 원리로서의 자연"(nature as principle of order)과 "창조 원리로서의 자연"(nature as principle of creation)이 바로 그것이다.

인간은 비록 나약한 존재이건만 자연의 적극성에 화답할 때 엄청난 창조를 일구어 낼 수 있다는 것이다. 이른바 산업화의 초기에 영국에서는 토지와 물을 비롯한 온갖 원자재들을 최대한 활용하려는 의지가 새로운 국면으로 접어들고 있었다. 그러므로 위에 인용한 구절은 "적극적 공감"(active sympathy)에 의한 마음의 변화와 함께 비록 소수의 인간들에게 일망정 새로운 의식이 움트고 있음을 보여준다고 하겠다. 18세기 농경문화의 확신에 찬 가락의 이면에는 톰슨(James Thomson)의 양면감정대립에서 골드스미스(Oliver Goldsmith)의 절망으로 이어지는 상실과 우울과 회한의 감정들로 얼룩져 있다. 하지만 이제 워즈워스의 등장으로 전혀 새로운 원리가 강하게 주장된다. 자연에 대한 확신, 야성적 자연력에 대한 확신이 바로 그것인데, 그러한 확신은 최소한 처음에는 인간에 대한 확신, 한층 더 폭넓고 인간미 넘치는 확신의 표현이었다.

그래즈미어 공동체의 생명윤리

　자연에 대한 워즈워스의 관심은 인간이 오랫동안 거주해온 특정 장소와의 관계 속에서 지속적으로 발전한다. 콜리지나 셸리와는 달리 그는 머나먼 이역의 황량한 장소에 대해서는 비교적 관심을 보이지 않는다. 그의 상상력은 남극해에도 몽

블랑의 고요한 만년설 같은 것에도 별다른 매력을 느끼지 못한다. 그는 알프스 산을 폭넓게 등산한 바 있고, 그래서 사람의 발길이 닿지 않은 원시적인 장소들에 대해서도 잘 알고 있었지만, 그의 시의 주요 영토는 어디까지나 가정이다. 때로는 다른 장소들에 대하여 글을 쓰는 경우도 없는 것은 아니지만, 호수지방이야말로 그의 시의 터전이며 그의 산문들 중에서도 가장 인기 있는 『호수지역 안내』(Guide to the Lakes, 1835)의 산실이기도 하다.

호수지방이 워즈워스에게 그토록 흥미로웠던 것은 그곳이 그가 태어나고 자란 곳이었던 데다 주변경관 또한 수려했기 때문만은 아니다. 기본적으로 그의 관심은 자급자족을 가능케 하는 생존방식과 연결되어 있다. 중세 이래 영국 호수지방은 타 지역에 비해 자급자족 영농방식이 고스란히 유지되어 온 곳이자 사람들이 주변 환경과 조화를 이루며 살아가는 곳으로 인식된다. 그곳은 지세가 험준할 뿐만 아니라 야생 동물과 식물 종들이 다양하게 분포되어 있었기에 지역주민들은 오래 전부터 야생동식물들과 공존하는 법을 터득한다. 워즈워스의 시에서 흔히 마주치는 호수지방 새들로는 백조, 방울새, 지빠귀, 울새, 올빼미 등을 들 수 있다. 그리고 「산사나무」(The Thorn)란 시를 보면 뼈마디가 앙상한 이끼 낀 산사나무가 이야기 전개의 중심 역할을 한다. 워즈워스의 시에서 이 같은 토착 동식물들은 단순히 장식물이 아니라 역동적 존재들로 재현된다. 야생동물의 소멸은 인간의 자연체험 약화로 이어지게 마련이기에, 『호수지방 안내』에서 그는 몇몇 토착동물들이 사라져버린 상황을 매우 안타까워한다.

인간과 주거지 간의 관계를 소상하게 밝히는 일이 곧 "인간생태학"(human ecology)의 주요 임무라면, 워즈워스는 인간생태학의 주요 창시자들 가운데 한 사람이라 할 만하다. 워즈워스의 시 가운데서도 특정 지역의 지역성과 함께 주거지의 중요성이 가장 잘 부각된 시로「그래즈미어의 보금자리」(Home at Grasmere)를 들 수 있다. 1799년 12월 20일에 워즈워스는 도로시와 함께 알폭스덴(Alfoxden)에서 그래즈미어로 이사하게 되는데, 이 이주는 1783년에 아버지를 여읜 후 16년간의 유랑생활을 끝내고 평생토록 한 지역에 정착한다는 의미를 갖고 있다. 그런데 이 시는 시인 자신이 "자연과 인간 그리고 사회에 대하여 묘사하는 것"이 목표라고 밝힌 바 있는 미완의 철학적 장편시『은둔자』(The Recluse)의 제1부 첫 권에 해당된다.

이 시의 초반부에는 윌리엄이 1799년 12월에 누이동생 도로시와 함께 그래즈미어에 도착하여 '비둘기집'(Dove Cottage)을 보금자리로 마련하는 과정이 소상하게 서술된다. 이 시가 보여주는 바에 의하면, 그래즈미어 주민들은 삶의 터전에서 자연과 조화를 이루며 즐겁게 살아가며, 오빠와 누이동생 간의 끈끈한 유대감은 마을사람들은 물론 그 지방 가축을 비롯한 야생동물들과의 유대를 일구는 데에도 가장 신뢰할 수 있는 모델이 된다. 그래즈미어를 에워싼 자연경관에는 "야성"이 풍부하게 남아 있으며, 더욱이 윌리엄과 도로시는 「틴턴 수도원」에 그려진 야성의 흔적을 간직한 채 그곳으로 온다. 그래즈미어에 도착할 당시 주변경치를 바라보는 윌리엄의 시선은, 크뢰버(Karl Kroeber)의 표현을 빌리자면, "늑대의 시선"과도 같은 것이었다. 장차 지주로 군림하려는 자의 오만한 소유적 시선이 아닌, 생태계 환경에 순응하는 야생동물의 굶주린 눈으로 새로운 영토를 바라보는 것이다. 주변 경관에 대한 워즈워스의 반응은 소유나 자원채취, 심지어는 심미적 가치 같은 것에 영향 받는 일 없이, 굶주림이나 공포, 성적 욕망, 강렬한 호기심 등 한층 더 원초적인 일련의 반응들로부터 출현한다. 그러한 동기들 중 그 어느 것도 18세기 영국시의 인습적 영역에 속하는 것이란 없었기에 이 시는 대단히 비인습적인 시로 평가받을 수 있는 것이다.

워즈워스는 어머니가 세상을 떠난 이듬해인 1779년에 '혹스헤드'(Hawkshead)의 문법학교에 보내지는데, 그 시절 그는 외로움을 달래기 위해 그래즈미어 계곡을 자주 배회하곤 한다. 그렇다면 어머니가 죽은 뒤에 이 외로운 소년에게 그래즈미어는 어머니의 푸근한 가슴처럼 다가갔으리란 추측이 가능하다. 어머니의 부재를 대신하는 그래즈미어는 어린 소년의 외로움을 달래주는 가정의 역할을 함으로써 시인의 자의식 형성에 지대한 영향력을 행사하고 있었던 것이다. 소년시절 그래즈미어 계곡을 찾았을 때의 인상을 묘사하는 것으로 시작되는 이 시의 서두부분에서, 그래즈미어를 에워싼 산을 넘어 골짜기로 접어드는 순간 소년 워즈워스는 주변 경관 전체가 온통 빙글빙글 맴도는 듯한 느낌 속으로 빠져든다. 이 시에 동원된 운동감각적 이미지들은 시각적 이미지들만으로는 보여줄 수 없는 그 무엇을 한층 더 직접적이고 역동적으로 전달한다. 바람 따라 일렁이는 계곡의 모습에 매료된 소년의 심리상태와 함께, 그에 응답이라도 하듯, 우리를 뛰쳐나온 동물마냥, 산에서 뛰어 내려오는 소년의 민첩한 몸놀림이 암시되고 있다.

어른이 된 워즈워스와 도로시가 그래즈미어를 보금자리로 정한 뒤에 거기로 이사 갈 때에도 생기 넘치는 자연은 예나 다름없이 다정한 목소리로 그들에게 말을 건넨다.

> . . . 벌거벗은 나무들,
> 얼어붙은 시내들, 우리가 지나갈 때 그것들은
> 묻는 것 같았네. "어디서 오세요? 어디로 가나요?"
> "그대들은 무엇을," 소나기가 말했네,
> "야성의 방랑자들이여, 내 어두운 영토를 지나 어디로?"
> 햇살이 말했지, "행복하세요."

이 두 방랑자는 눈 덮인 겨울풍경으로부터 이중의 메시지를 전달받는다. 그 메시지는 처음에는 거부의 몸짓으로 받아들여지지만 겨울이 가고 봄이 다가올 때쯤이면 환영의 메시지로 탈바꿈한다. 그때 "야성의 방랑자들"이란 봄비의 호칭을 통하여 그들은 잠재된 야성뿐만 아니라 자연계의 야성적 거주민이란 위상 또한 인정받는다.

최동오도 지적한 바 있듯이(「장소와 거주의 노래」, 141), 워즈워스는 그래즈미어의 토박이가 아니라 거기에 정착하기로 작정한 이주민이었기에 그의 목소리에는 관찰자의 목소리와 묵상의 목소리가 병존한다. 이 두 가지 목소리는 자신의 존재를 이방인의 위치에서 거주자의 위치로 바꾸려는 욕구와 관련되어 있다. 관찰자의 묘사적 목소리가 그 장소를 더 잘 알리는 시인의 의지를 반영하는 것이라면, 묵상의 목소리는 자신의 새로운 삶에 의미를 부여하려는 의도에서 비롯된 것이다.

인간생태학자로서 워즈워스는 그래즈미어란 마을과 그를 둘러싼 환경 간의 관계에 대하여 각별한 관심을 보인다. 대부분 소규모 자영농민들인 호수지방 농민들은 빚을 질 필요가 없었기에 조상들에게서 물려받은 토지를 독립적으로 운영하는 것이 가능했다. 그래서 워즈워스는 "행복한 인간! 그는 들판의 주인이며,/ 선조들이 밟고 지나다니던 산을 밟고 다닌다."고 노래한다. 영국의 호수지방은 가파른 산악지대이기 때문에 오랫동안 고립상태를 유지할 수 있었고, 그러한 지형이 중세 때에는 봉건영주들의 침입을 저지하는 데 크게 기여한다. 그는 "자족성의 윤리"(the ethic of self-sufficiency)가 아직도 건재한 이 지역 주민들의 협동적 연대감을 도시인들의 아노미(anomie, 異常症候群) 현상과 대비시킨다. 시인이 "이곳 사회는 진정한 공동체,/ 다수가 하나로 통합된 진정한 틀"이라 노래하는 지역공동체에서 사람들 간의 친화는 씨족 또는 부족 사회의 친족관계에 바탕을 둔 것이며, 그러한 가족적 연대감은 인간을 넘어 동물들에게까지 확대된다.

크뢰버에 따르면, 그래즈미어의 "생태계적 전체성"(the ecosystemic wholeness)은 주로 "반복의 수사"(a rhetoric of repetition)를 통해 환기된다. 전체성의 느낌을 환기하기 위해 시인은 중첩되는 또는 누적적인 관계 행태와 관계 모형들을 지속적으로 제시할 필요가 있는 것이다. 생태계란 끊임없는 자기변신의 연속체로서 생태계의 전체성은 시간성뿐만 아니라 공간성의 바탕 위에 구축되기 마련이다. 따라서 서로 맞물려 돌아가는 다양한 종속적 과정들 모두를 포괄하는 생태계의 유기적 운행 과정을 재현하기 위해서는 반복의 수사에 의존할 수밖에 없는 것이다. 더욱이 그래즈미어 생태계의 모든 자연물은 자신의 위치와 기능에 따라 자기 나름의 가치를 발휘하는 존재들로서 자기 이득을 취하며 번성하는 가운데 전체성에 도달한다. 그 생태계 내에서 의식을 갖춘 시인은 그렇지 못한 자연물들과 차별화되는 존재이지만, 그렇다고 인간이 다른 존재들보다 우월하다는 것을 의미하지는 않는다. 자의식이 부과하는 복합적 책임들을 외면할 수 없기에 오히려 고도의 윤리의식이 시인에게 요구되는 것이다.

워즈워스가 그래즈미어 골짜기를 완벽한 생태계로 재현하고 있음에도 불구하고 그 생태계 주민들의 자연친화적 삶에 우려할 만한 점이 전혀 없었던 것은 아니다. 그래즈미어 호수에 두 달 동안이나 머무르고 있던 "한 쌍의 외로운/ 우윳빛 백조"(a lonely pair/ Of milk-white Swans)가 갑자기 사라진 것을 그는 못내 아쉬워하며, 혹시나 그 지방 사람들이 사냥총으로 쏘아죽인 것이나 아닌지 몹시 불안해한다. 마을사람들이 만에 하나 그 백조들을 쏘아죽였다면 그 행위는, 콜리지의 "늙은 뱃사람"이 죄 없는 앨버트로스를 쏘아죽인 경우와 마찬가지로, 자연에 반하는 엄청난 죄악이기 때문이다. 워즈워스는 그래즈미어와 같은 이상적 공동체에서조차도 인간이 인간을 사랑하는 동물을 배신한다면 인간의 미래에는 희망이 없다고 생각한다. "신성한 친구,/ 충실한 벗"의 운명에 대하여 곰곰이 생각할수록 워즈워스는 비관적이지 않을 수 없었기에, 인간과 야생동물이 친화를 회복할 수 있는 유일한 길은 "넘치는 사랑"에 있음을 선포한다. 워즈워스의 생명윤리 중에서도 가장 포괄적인 개념인 이 "넘치는 사랑"의 개념은 개체의 범위를 넘어 지역생태계 내에 서식하는 생명체 전체를 아우르는 방향으로 폭을 넓힌다.

오늘날 각광받고 있는 이론 가운데 하나인 '생태지역주

의'(bioregionalism) 관점에서 볼 때, '주거지'는 폭력으로부터 해방될 수 있는 공간이다. 지역공동체의 강조는 중앙집권적 힘을 분산시켜 탈중심화 함으로써 지역 환경에의 영향을 최소화할 수 있다. 생태지역주의의 주요 구성요소들 가운데 하나로 꼽히는 '무정부적 상태'도 사실상 하나의 공동체 또는 긴밀하게 연합된 소규모 공동체들이 스스로 의사결정을 할 수 있고 또 결정에 대해 책임질 수 있다는 확신에 기초를 두고 있다. 그러므로 저항의 모체인 그래즈미어는 인간 해방을 위한 대안 공간의 가능성으로 다가간다.

여기에 사회가 존재한다.
진정한 공동체, 다수가 하나로 통합된
가장 고귀한 틀...
인간이자 짐승, 이 후미진 곳의
방해받지 않은 소유자, 그들의 입법기관 건물,
그들의 사원, 그리고 그들의 영광스런 처소.

그래즈미어는 인간공동체일 뿐만 아니라 인간과 자연물 모두를 포괄하는 자연공동체이기도 하다. 그러기에 이곳에서는 동물들조차도 "동료, 형제, 성스런 친구들"로 불린다. 자연생태계 구성원들이 인간의 경제적 이득이나 정신적 위안을 위한 도구로 이용되기보다는 인간의 동반자로 인식되는 것이다.

공동체에 대한 이 같은 포괄적 정의를 통해 우리는 권력구조와 함께 양산되는 이분법적 사고 유형으로부터 시인이 스스로를 해방시키고 있음을 알 수 있다. 워즈워스에게 중앙집권적 힘의 분산은 "정치 사회적 구조의 해체"보다는 "일상적 사고 유형에 대한 저항"에서 비롯되기 때문이다.

호수지방 인간생태학의 몇몇 핵심적인 사항들은 『호수지방 안내』에서 한층 더 구체성을 띠고 전개된다. 이를테면, 전통가옥의 보존 문제를 거론하는 대목에서 워즈워스는 호수지방 가옥들은 "자체의 본능에 따라 그 곳 바위들로부터 솟아올랐다"며 그것들이 "자연의 산물"임을 강조한다. 그래서 그 가옥들에는 형식미가 아닌 야성적 아름다움만이 존재한다는 것이다. 그러면서 그는 호수지방 특유의 지형을 고려하지 않은 지주들의 화려한 저택들을 매우 못마땅해 한다. 그런가 하면 그는 외지식물의 도입에도 반대의사를 분명히 하는 한편 토종식물의 보호와 육성을 위해 호수지방 전체가 "국가적 자원"으로 보전되어야 한다고 주장한다. 이 같은 선견지명이 있었기에 얼마 뒤 호수지방은 국립공원으로 지정되며, 그러한 발상은 현대적 의미의 '국립공원'(National Park) 체계를 발전시키는 데에도 적잖은 영향력을 행사하게 된다.

만년으로 접어든 워즈워스는 호수지방 전역에 불어 닥친 사회적 변화를 목전에 두고 깊이 우려하지 않을 수 없었다. 날이 갈수록 소규모 자영농민들은 경제적 파탄에 이르고, 지주들과 호사가들의 별장이 줄지어 들어선 마을에는 예전의 활기라고는 찾아볼 수 없게 된 것이다. 그래서 그는 농업생산에 기계를 도입하는 문제에 대해서도 매우 부정적인 반응을 보인다. 모직물 생산만 하더라도 손으로 실을 잣고 천을 만드는 가내수공업적 생산방식이 기계에 의한 대량생산 체제로 대치될 경우 지역경제 전체가 급속도로 약화될 것임은 불을 보듯 뻔하기 때문이다.

우리시대의 생태시인 웬델 베리(Wendell Berry)도 경고한 바 있듯이(「여성주의, 육체, 기계」), 기술적 진보의 목표는 "돈과 안락함"에 있으며, 돈과 안락을 향한 탐욕의 열기는 미래에 대한 "모호한 신념"으로 위장되고 정당화된다. 그러기에 좋은 미래란 지금 우리 삶의 터전인 토양, 숲, 초지, 늪지, 황무지, 산, 강, 호수, 바다에서 비롯되며, 우리가 할 수 있는 가장 확실한 미래학이란 그런 것들을 잘 보살피는 일이다. 1845년에 워즈워스가 호수지역 심장부를 관통하는 철로 부설에 반대하는 소네트를 짓게 된 것도 같은 맥락에서이다.

> 그렇다면 영국의 후미진 어느 곳도
> 무자비한 공격으로부터 안전할 수 없단 말인가?
> 젊은 날에 씨 뿌린 은퇴생활 계획들이
>   파기되어야만 하나?
> 부산한 세상의 한가운데서 가장 일찍 피어난

> 희망의 꽃들 마냥
> 　순수함을 간직했던 그 계획들이 —
> …
> 그대의 평화를 호소하라,
> 　그대 자연의 아름다운 로맨스여.
> 인간의 심장들이 죽을 때면, 말하라,
> 　지나가는 바람들이여.
> 그대 급류들이여,
> 　강력한 목소리로 변함없이 불의에 저항하라.

워즈워스는 그 당시 신문에 발표한 두 편의 편지글을 통해 철로부설 반대 논의를 더욱 더 발전시킨다. 그가 철로부설에 그토록 반대했던 것은 대단위 관광단의 유입으로 인한 환경 파괴의 가능성 때문이다. 철도역 주변에는 "레슬링시합장, 경마장, 보트경기장, 사창가, 맥줏집" 등이 넘쳐나면서 싸구려 상권이 형성되고, "마을공동체와는 아무런 관련도 없는 외지인들이 호화별장과 부를 쌓아놓은 집을 잽싸게 오가며" 공해 산업에 열을 올릴 것임이 분명하다. "탐욕과 도박의 가면 역할을 하는 공리주의"가 기승을 부리며 지역민들의 영혼을 타락시키고, 호수지방 고유의 내재적 가치들은 대부분 흔적도 없이 사라질 것이다.

> 우리 선조들의 숭배의 대상이던 퍼니스 수도원 같은

유물들은 신성하게 보존되어야 할 가치가 있지만, 파괴되지 않은 상태로 남아있어야 하는, 한층 더 드높은 권리를 가진 자연의 사원들, 전능하신 하느님께서 지으신 사원들이 존재한다. 이 지역의 휘돌아 감도는 계곡들 모두가 한때는, 칠십여 년 전에 그래즈미어 계곡이 시인 그레이에게 비쳐졌던 것처럼, 상상력과 감정을 지닌 인간에게 그런 모습으로 비쳐졌었다. (…중략…) 그 시인이 현재 살아있다면, 그는 산을 깎고, 교차로를 만들고, 소란스런 장비를 동원하고, 매연을 내뿜고, 쾌락추구자들을 떼거지로 불러들이는 철로부설을 매우 안타깝게 생각하리라. (162)

호수지방을 보전해야 한다는 워즈워스의 입장은 조나단 베잇(Jonathan Bate) 같은 심층생태론자의 전폭적인 지지를 받지만, 폴 프라이(Paul Fry)를 위시한 좌파비평가들에게는 "속물근성과 배제"의 표현일 뿐이다. 워즈워스와 베잇의 태도는 "카약 엘리트 집단"(kayak elite)의 자기만족과도 같은 것이라며 프라이는 이 둘을 싸잡아 비판한다. 그들은 조잡한 대중들이 범접할 수 없는 곳 원시림이 우거진 해안에서 자기들만의 삶을 즐기는, "우아함을 뽐내는 촌스런 사람들"이라는 것이다. 그러면서 프라이는 "녹색비평"(green criticism)의 "탈신비화"(demystification)를 위해서도 "적색비평"(red criticism)은 여전히 유효하다는 입장을 견지한다(549). "'자연'에의 접근이 어려워지면, 그에 합당한 사람들만이 자연 속에서 편히 지내면서, 자신들을 제외한 다른 사람들은 환경적 림보를 떠돌아다녀도 내몰라라" 할 것임이 분명하다며, 프라이는 "매스 투어리즘"(mass tourism)과 관련된 베잇과 워즈워스의 입장을 비판하는 것이다(550). 빼어난 자연경관은 격리 보호해야 한다는 구호의 이면에는 계급적 속물근성과 엘리트주의가 숨겨져 있기에, 이를 폭로하기 위해서라도 "적색비평"은 필요하다고 그는 주장한다.

워즈워스가 이 같은 적색비평에 적절히 대응할 수 있을 만큼 충분히 면역성을 갖추었다고는 할 수 없을지도 모른다. 그의 철로부설 반대 팜플렛을 보면 농민의 무지와 촌스러움과 악취미를 서술하는 그의 어조가 너무나 날카롭게 느껴지기도 한다. 하지만 그가 가난한 이들을 배제하고 일부 돈 많은 엘리트들만을 위하여 호수지방을 보존하려 했다는 비난에는 분명히 어폐가 있다. 무어먼(Mary Moorman)이 펴낸 '워즈워스 전기'를 보면, 워즈워스 자신이 그러한 비난여론을 의식했음인지 그에 대한 반박의 논거를 준비하기도 한다. 걸어서 방문하든 동물을 이용하든, 적절한 접근수단을 이용하여 호수지방을 방문하는 데 제한이란 있을 수 없는 일이다. 워즈워스가 우려했던 것은 철로부설로 인하여 호수지방이 여타의 도시상권과 연결됨으로써 그 지방 특유의 성격과 정체성이 돌이킬 수 없을 정도로 손상될 것이란 점이다. 오늘날 세계는 비행기, 기차, 자동차, 호화여객선, 심지어는 인테넷을 통하여 그물망처럼 촘촘히 연결되어 있어, 마음만 먹으면 어디든 곧바로 찾아

갈 수 있게 되었다. 그래서 우리는 워즈워스가 그려 보이는 "공동체의 은둔"(community retirement)이란 개념에 선뜻 동의할 수 없는 것이다. 호수지방보다 더 멀리 떨어진 오지의 자연이 무차별 파괴되는 것을 수없이 보아 왔기에, 철로부설로 인한 자연훼손과 자연 침입은 고작해야 부드러운 위협일 뿐이며, 환경적으로는 오히려 득이 되는 것일지도 모른다는 생각이 자연스럽게 받아들여지는 것이다. 그러나 기술적 발전과 기술적 진보에 매몰된 현대인의 의식과 행태를 두고 "온생명의 암적 질환"이라 질타하는 우리시대의 지성 장회익의 말에 귀 기울일 필요가 있다.

여기서 가장 중요한 점은 인간이 온생명 안에서의 자신의 위상을 파악하지 못하고 스스로 번영하는 것으로 착각하고 있다는 사실이다. 이것이 바로 인간이 암세포의 역할을 하고 있다는 결정적인 증거이다. 암세포라는 것은 외부에서 침입한 병원균이 아니다. 엄연히 신체에 속하는 세포로서 오직 그 어떤 연유로 신체 안에서의 자신의 위상을 망각함으로써 자신이 지닌 생존 기술을 무분별하게 활용하여 자신의 번영과 번식만을 꾀하는 세포들이다.

인간의 출현이 지구생명의 탄생 이후 35억 년 만에 처음으로 온생명의 자의식을 일깨울 놀라운 우주사적 사건이었다고 한다면, 바로 이러한 능력을 부여받은 인간이 온생명을 죽이는 암세포로서 기능하게 된다는 것은 너무도 역설적인 우주사적 비극이 아닐 수 없다. 현재로서는 온생명의 암적 사망이 구체적으로 어떠한 결과를 초래할 것인지 분명히 말하기는 어렵다. 이것이 단지 인간을 비롯한 지구상의 고등 생물종들의 멸종으로 끝날 것인지, 혹은 지구상의 모든 생명이 완전히 사라지는 데까지 이를 것인지 속단하기 어렵다. 그러나 한 가지 분명한 것은 지능과 정신 그리고 문화로 이어지는 지구생명의 더없이 신비롭던 상황 전개는 온생명의 암적 종말과 함께 영구히 다시 찾을 수 없으리라는 것이다.

(『삶과 온생명』, 250~251)

인간의 입장에서 환경보호와 환경관리를 외치는 이른바 기술지향적 '환경관리론자들'(environmentalists)은 가급적 많은 사람들이 아름다운 풍경을 즐길 수 있게 되기를 희망한다. 친환경적 개발을 주장하는 그들은 생태계의 온존(溫存)을 요구하는 생태중심적 '생태론자들'(ecologists)과는 여러모로 확연히 구별된다. 생태론자들의 입장에서 보면 환경관리론자들은 인간도 자연의 일부분에 불과할 따름이라는 사실을 부정하고 그 결과 자연을 인간의 관리대상으로 전락시킴으로써 생태계를 위기로 몰아넣는 데 앞장서기 때문이다. 베잇이 픽처레스크 이론가들의 입장을 환경관리론적인 것으로 규정짓고 매도하는 것도 그들 모두가 자연으로부터 인간을 분리시킨다고 보기 때문이다. 워즈워스의 "생태시학"은 인간의 마음을 자연의 일부로 간주한다는 점에서 기술지향적 환경관리론자들의 입장과는 근본적으로 차이가 있다. 환경관리론자들은 자연물 하나하나를 "구분 짓고"(dividing and distinguishing) 그것들에 위계적 가치를 부여함으로써 자연물들로부터 분리되는 데 반하여, 워즈워스에게 모든 자연물들은 평등의 관계망 속에 공존하는 유기적 통일체이다. '전일적'(holistic) 관점에서 자연을 바라보는 워즈워스의 시선은 시애틀 추장의 아래 연설에 담긴 아메리칸인디언들의 시선과 크게 다르지 않아 보인다.

그대들은 어떻게 저 하늘이나 땅의 온기를 사고 팔 수 있는가? 우리로서는 이상한 생각이다. 공기의 신선함과 반짝이는 물을 우리가 소유하고 있지도 않은데 어떻게 그것들을 팔 수 있다는 말인가? 우리에게는 이 땅의 모든 부분이 거룩하다. 빛나는 솔잎, 모래 기슭, 어두운 숲 속 안개, 맑게 노래하는 온갖 벌레들, 이 모두가 우리의 기억과 경험 속에서는 신성한 것들이다. 나무 속에 흐르는 수액은 우리 홍인(紅人)의 기억을 실어 나른다. 백인은 죽어서 별들 사이를 거닐 적에 그들이 태어난 곳을 망각해 버리지만, 우리가 죽어서도 이 아름다운 땅을 결코 잊지 못하는 것은 이것이 바로 우리 홍인의 어머니이기 때문이다. 우리는 땅의 한 부분이고 땅은 우리의 한 부분이다. 향기로운 꽃은 우리의 자매이다. 사슴, 말, 큰독수리, 이들은 우리의 형제들이다. 바위산 꼭대기, 풀의 수액, 조랑

말과 인간, 이 모두가 한 가족이다.[3]

이 시점에서 우리는 워즈워스가 『서곡』의 8권을 7권보다 먼저 썼지만 순서를 바꾸어 배열한 점을 상기할 필요가 있다. 7권 제목이 "런던에서의 생활"(Residence in London)임에 반하여 8권 제목은 "후기: 자연에 대한 사랑이 인간에 대한 사랑으로"(Retrospect : Love of Nature leading to Love of Mankind)로 명명된다. 워즈워스에게 도시생활과 자연친화적인 삶 간의 차이는 엄청난 것이었기에, 7권의 부정적 삶에서 8권의 긍정적 삶으로의 이행은 매우 자연스런 것으로 받아들여진다. "런던에서의 생활"(Residence in London)이 '바돌로뮤 시장'(Bartholomew Fair)에서의 치열한 경쟁과 혼란상을 보여주는 것으로 끝이 나는데 반하여, "회상"은 그래즈미어 시장의 단아한 모습을 보여주는 것으로 시작된다. 그래즈미어 시장에 모여든 사람들은 생면부지의 도시인들과는 대조적으로 "소규모 가족"과도 같은 시골 공동체의 구성원들이다. 가부장적 인물로 군림하는 것이라고는 오직 그래즈미어를 에워싼 산뿐이며, 그래즈미어 골짜기

---

[3] 시애틀 추장의 연설,「우리는 결국 모두 형제들이다」. 미국 서부지역에 거주하던 두아미쉬-수쿠아미쉬 족(族)의 추장 시애틀의 연설문으로, 1854년 미합중국대통령 피어스에 의해 파견된 백인대표자들이 이 인디언 부족이 전통적으로 살아온 땅을 팔 것을 제안한 데서 비롯되었다. 지금의 워싱턴 주에 해당하는 이 지역 토착민들의 삶터를 차지하는 대신에 그들이 "평화롭게" 살 수 있는 보존지구를 마련해 주겠다는 것이 백인정부의 제안이었다. 『녹색평론선집 1』, 17~18.

마을은 환상적 공화국으로 그려진다. 『호수지방 안내』에서 워즈워스는 그래즈미어 골짜기를 두고 주민들 모두의 행복을 보장해주는 "순수 공화국"(pure Commonwealth)이라 명명한 바 있다. "그곳 주민들은 마치 이상사회 혹은 조직화된 공동체의 구성원인 양 강력한 제국의 한가운데 존재하며, 그곳 헌법은 그 공화국을 보호해 주는 산들에 의해 제정되고 시행되어 왔다"는 것이다. 베잇의 주장에 따르면, "공화국"이니 "이상사회"니 "공동체"니 하는 말들은 급진적 공화주의 전통과 맥이 닿는 것으로, 기원을 따지자면 시민혁명기로 거슬러 올라가며, 거기에는 프랑스혁명 세력과의 연대의식도 내재되어 있다. 그러므로 그래즈미어 골짜기를 공화주의와 연결 짓는 워즈워스의 창조적 회상을 통하여 우리는 워즈워스의 시적 토양이 바로 혁명적 열정의 묘판이었음을 알 수 있다.

결론적으로 요약 정리하자면, 자연생태계와 인간공동체는 동일한 조직 원리에 따라 운행되는 생명시스템들이며, 조직적으로는 닫혀져 있으면서도 에너지와 자원의 흐름이란 측면에서는 열려있는 연결망이다. 두 영역은 하나의 끈으로 연결되어 있으면서도 거기에는 적잖은 차이가 존재한다. 자연생태계에는 자기인식, 의식, 문화 같은 것이 존재하지 않기에 정의나 민주주의도, 탐욕이나 부정직 같은 것이 들어설 여지가 없다. 장회익 박사가 시사하듯이(「우주생명과 현대인의 암세포적 기능」,

『녹색평론선집』, 127~128), 인간은 그가 나중에 "온생명"이라 부르게 될 우주적 생명체 내에서 두뇌와도 같은 존재이다. 사람의 경우에 몸도 중요하지만 정신활동 기능이 빠져버리면 별 대수로운 존재가 못되듯이, 우주생명체 내에서 인간이 빠진다면 어떤 깊은 의미를 되새기기는 어려울 것이다. 그런 만큼 우주생명체 내에서 인간은 신경세포적 기능을 갖는 것으로 대단히 중요한 위치를 점유한다. 사람의 신체에서 신경세포가 있어야 정신활동이 가능한 것처럼 자연생태계에서 인간은 바로 신경세포와도 같은 역할을 담당한다고 할 수 있다. 지난 30억 년 이상의 지구진화 역사를 통해 이 행성은 생태계의 유지가능성을 극대화하기 위해 매우 교묘하고 복잡한 방식으로 스스로를 조직해 왔지만, 문제는 오늘날 인간이 신경세포와도 같은 역할을 수행하기는커녕 오히려 암세포적 존재가 되고 있다는 데 사태의 심각성이 있는 것이다. 워즈워스의 시가 여러 시대에 걸쳐 다양한 지역의 다양한 독자들에게 감동을 주어 왔고 또 생태계 위기의 시대에 더욱 더 큰 의미를 지닐 수 있는 것은 유지 가능한 삶의 방식이라는 생태학적 소양과 지혜가 풍성하게 담겨있기 때문이다.

콜리지의 생태의식과 생태언어

　이 글에서 필자는 우선 콜리지 사상의 발전 단계에서 생태적 사유가 차지하는 비중을 살핀 뒤에, 그러한 사고모형이 그의 시와 산문을 이해하는 데 적절하게 활용될 수 있다는 전제하에, 생태비평의 관점에서 「옛 뱃사람의 노래」("The Rime of the Ancyent Marinere")를 읽어 볼 생각이다. 맥쿠식(James C. MacKusick)도 지적한 바 있듯이, 생태비평의 관점에서 콜리지 문학에 접근하려 할 때 가장 중요시되어야 할 점은 그의 시적 언어가 지역 환경과의 인식적 정서적 유대 하에서 출현한다는 사실을 밝혀내는 일이다. 이 점이 일목요연하게 드러난다면 시 형식에 대한 콜리지의 생각뿐만 아니라 실재 시작 과정을 이해하는 데에도 그것은 시사하는 바가 적지 않을 것이다. 특히, 콜리지의 시적 사유에서 '유기체론'(organicism)이 차지하는 비중과 유기체론의 역할을 검토하는 데에는 생명체와 주거환경 간의 상호의존적 관계라는 생태학적 관계 모형이 새로운 분석모델로 활용될 수 있으리라고 본다.

콜리지는 1772년에 데본셔 지방의 '오터리 세인트 매리'(Ottery St. Mary, Devonshire)란 전원마을에서 열 자녀 가운데 막내로 태어났다. 그의 나이 아홉 살 되던 해(1781)에 세상을 떠난 아버지는 얼마 되지 않는 유산을 콜리지의 몫으로 남긴다. 부친이 세상을 떠난 뒤 런던으로 보내진 콜리지는 '크라이스트 호스피털'(Christ's Hospital)이란 이름의 초중등학교에 '자선학생'(charity boy) 자격으로 다니게 된다. 감수성이 풍부한 이 고아에게 그 학교는 온정이라고는 찾아볼 수 없는 냉랭한 장소였으나, 그의 지적 능력이 예사롭지 않음을 곧바로 알아본 선생님들은 그를 "희랍어반"에 배정한다. (그 당시 초중등사립학교의 희랍어반은 대학진학 능력이 있다고 판단되는 학생들을 위해 편성한 우수반이다.) 콜리지의 학교생활에서 특이 주목되는 것은 그의 수학선생이자 쿡 선장(Captain Cook)의 두 번째 항해에 따라나섰던 천문학자 윌리엄 웨일즈(William Wales)가 희멀건 빛을 발하는 빙산과 그 주변을 날아다니는 알바트로스(Albatross) 등 남극지방에서의 탐험이야기로 학생들의 마음을 사로잡곤 했다는 사실이다. 탐험이야기는 콜리지의 상상력을 한껏 자극하였고, 그래서 나중에는 「옛 뱃사람의 노래」의 배경이 된다.

1791년부터 1794년 사이에 케임브리지 대학에 적을 둔 콜리지는 학문연구의 천부적 소질을 인정받지만 학위과정을 모두 이수하기 전에 대학을 그만둔다. 그 당시 그는 이상에 불타는 젊은이답게 학문연구보다는 이상사회 건설의 꿈에 취해 있었다. 그래서 펜실바니아의 서스퀴나(Susquehanna) 강 유역에 '팬티소크러시'(Pantisocracy)란 이름의 이상적 농민공동체 건설 계획을 세우고 사우디(Robert Southey)와 함께 그 일을 추진한다. 하지만 그 꿈은 기본적으로 실현될 수 없는 성질의 것이었기에 계획 추진 과정에서 조만간 흐지부지되어 버린다. 이 공동체는 십여 쌍의 젊은 부부들로 구성될 예정이었기에, 꿈에 부풀어 있을 당시 콜리지는 사라 프리커(Sara Fricker)와 약혼한다. (그녀는 사우디의 약혼녀 매리 프리커(Mary Fricker)의 여동생이다.) 이상적 공동체의 꿈은 무산되었지만 사우디의 적극적인 권유로 1795년에 내키지 않은 결혼을 강행한 콜리지는 신부와 함께 브리스톨 남서쪽 50마일에 위치한 전원마을 '네더 스토위'(Nether Stowey)로 내려가 거기에 정착한다.

네더 스토위에서의 생활은 콜리지의 생애에서 가장 행복하고 또 생산적인 것이었다. 1797년 7월, 워즈워스와 도로시가 콜리지의 오두막에서 오 마일 거리에 있는 알폭스덴(Alfoxden)으로 이사 오게 된 것은 콜리지에게도 워즈워스에게도 축복이었다. 둘은 자주 만나 문학과 정치와 사회에 대하여 생각을 주고받는데, 그들의 교감은 1798년 9월에 공동시집 『서정민요시집』(Lyrical Ballads) 발간으로 첫 결실을 맺는다. 이 시집은 영국 시문학사에서 '낭만주의'(Romanticism)라는 매우 새롭고도 대담한 문예운동의 출현을 예고하는 것이었다. 가히 혁명적이라 할 수 있는 이 시집의 주요 특질로는 민요시의 부활, 일상어의 사용, 직접 관찰에서 이끌어낸 자연이미저리의 광범위한 사용 등을 들 수 있다. 『서정민요시집』을 구상할 당시 워즈워스와 콜리지는 "역동적 생태계"(dynamic ecosystem)로서의 자연환경을 보존하는 일에 깊이 몰입되어 있었다.

자연계의 질서

『서정민요시집』 2판(1800) "서문"(Preface)에서 워즈워스는 "하층민들의 투박한 삶과 그들의 언어"(language of the low and rustic life)를 선호하는 이유로 "그런 조건 속에서 사람들의 열정은 영속적인 아름다운 자연물들과 혼합된다"는 점을 들고 있다. 여기서 간과되어서는 안 될 대목은 인간의 열정이 인간과 자연의 통합을 가능케 한다는 생각이다. 통합의 메타포가 본질적으로 생태학적인 이유는 인간의 의식과 언어가 주변 자연물들의 영향으로부터 자유로울 수 없기 때문이다. 자연계는 인간의 사고와 감정과 언어가 태어나고 또 활동하는 장소이다. 콜리지는 워즈워스의 언어관을 곧이곧대로 받아들이지는 않지만, 언어적 형식은 지역적 조건 속에서 구성되기 마련이라는 워즈워스의 견해에 동의한다. 칸트철학을 연구하기 위해 약 일 년 간 독일에 체류하다가 돌아온 직후에(1799) 쓴 글에서 그는 호수지방에서의 이름붙이기는 지역주민들의 정치적 독립심 못지않게 자연현상과의 근접성을 확인하는 행위라고 주장한다. 워즈워스처럼 콜리지도 친숙한 장소에 이름붙이는 행위에 매력을 느꼈고, 그래서 그는 호수지역을 배회하면서 그 지역 특유의 지명들을 모아 정리한다(Notebooks 1, 1207). "장소에 이름붙이기"(naming the place)는 언어가 지역풍토와 지역주민들 간의 복합적 상호작용에서 생성되는 것임을 보여주는 명백한 사례로 비쳐졌기 때문이다. 콜리지에게 언어란, 특히 지명의 경우에는, 땅과 그 땅에 사는 사람들 간의 지속적인 대화의 결과이다.

언어의 본질에 대한 콜리지의 통찰은 『문학적 자서전』(Biographia Literaria, 1817)에서는 '유기체론'(organicism)의 맥락에서 개진된다. 그런데 콜리지의 유기체론은 18세기 주요 과학이론인 '유기적 조직체'(organism) 론을 발전시킨 것이란 사실에 주목할 필요가 있다. 그 당시 과학적 논쟁에 대하여 관심이 많았던 콜리지는 에라스무스 다윈(Erasmus Darwin)의 교훈적인 시 『식물원 이야기』(The Botanic Garden, 1791)와 의학논문 『주노미아, 혹은 유기적 생명체의 법칙』(Zoonomia; or, the Laws of Organic Life, 1794~1796)을 읽고 자율적이고 순환적이며 자기조절이 가능한 실체로서의 '유기적 조직체'란 개념에 깊이 매료된다. 「이올러스의 수금」("Eolian Harp")을 보면 1795년에 이미 유기체의 은유가 그의 "사변적 범신론"(speculative pantheism)의 개념적 기초로 튼튼히 뿌리내렸음을 알 수 있다.

> 살아 움직이는 모든 생명체들이
> 다양한 형태의 유기적 하프들일 뿐이라면?
> 광활하고 조형력이 풍부하고,
> 개체의 혼이자 모든 사물들의 하느님 격인
> 지성적 산들바람이 스쳐 지나가듯,
> 사상으로 영그는 하프들일 뿐이라면?

여기에서 "유기적"(organic)이란 단어는 과학적 엄밀성에 따른 과학적 용어로 사용되고 있다. 모든 생명체는 서로 다른 모습을 취하게 마련이지만, 그럼에도 모두가 나름대로 "자기조절"(self-regulation)의 내적 과정을 가동시킨다. 그런데 콜리지가 특히 강조하는 것은 "유기체의 자율성"(autonomy of organism)이 아니라 "외부의 자극"에 대한 유기체의 "역동적 반응"(vital response)이다. 이 구절에서 외부의 자극은 유기체들을 스쳐지나가는 "지력이 깃든 산들바람"(intellectual breeze)으로 재현되고 있다. 더욱이 이 구절은 표면적으로는 감각을 갖춘 존재의 본성에 대하여 발언하는 것처럼 보이지만, 사실은 시의 제작과 관련된 시적 창조론이 강하게 암시되고 있다. 한 편의 시가 유기체라면 그것은 잘 짜여진 구조물일 뿐만 아니라 주변 환경과도 조화를 이루어야 한다. (여기에서 주변 환경이란 문학적 담론적 맥락에서 은유적으로 이해되어야 한다.) 한 편의 시도 다른 생명체들처럼 지역적 토양에 뿌리내리는 존재라는 생각은 시 형식과 관련된 18세기 미학의 정점을 이루는 것으로 「옛 뱃사람의 노래」에도 넌지시 암시된다. 그렇다면 이 시점에서 유기체론의 미학적 함의를 논의하기 이전에 우선 유기체론의 과학적 계보부터 더듬어 보기로 하자.

18세기 동안에 서구유럽에서는 유기체 하나하나에서 지구 전체에 이르기까지 "폐쇄체계들의 역동적 작용"에 대한 지식이 서서히 증대되며, 그에 따라 자연계의 제 현상을 "전체론적"(holistic) 관점에서 해석하려는 경향이 동력을 얻는다. 동물은 자신들의 에너지 자원을 어떤 식으로 공급하고 또 조절하는가? 특히 생물학적 탐구의 진전에 힘입어 이 문제에 대한 이해력이 더욱 더 증대되는데, 1628년에 해부학자 윌리엄 하비(William Harvey, 1578~1657)는 심장이 폐쇄회로 속에서 피를 순환시키기 위해 펌프처럼 작동한다는 사실을 증명해 보여주었다. 이 예기치 않은 발견은 18세기 동안 생리학 분야에서 엄청난 발전의 동력으로 작용할 뿐만 아니라, 생명체 일반에 대한 기존의 관념들이 대폭 수정되는 결과를 초래한다. 인간을 포함한 모든 고등동식물들은 몸의 각 부분으로 영양소를 공급하는 순환현상의 기초 위에서 활동한다는 사실이 이제

백일하에 드러난 것이다.

네델란드 출신 해부학자 안톤 반 류웨눅(Anton Van Leeuwenhoek, 1632~1723)은 순환현상에 대한 탐구를 미시적 수준에서 계속해 나간다. 그는 처음으로 적혈구의 모습을 보여주었을 뿐만 아니라 모세혈관의 기능에 대한 지식을 더욱 더 확장시킨다. 특히 그는 미세동물군(animalcules)의 존재를 발견한 것으로 유명한데, 물웅덩이처럼 흔해빠진 장소에 미생물들이 들끓는다는 사실은 통상적 인식의 범위 너머에 미지의 세계가 펼쳐져 있음을 의미하는 것이었다. 발광성 미세동물들이 바다 속에도 존재한다는 사실이 쿡 선장의 첫 항해 때 관찰되며, 「옛 뱃사람의 노래」에서 그 같은 발견은 적도의 밤하늘 아래 망망대해에 어른거리는 이상야릇한 빛들로 문학적 표현에 도달한다.

스웨덴 출신 식물학자 린네(Carolus Linnaeus, 1707~1778)는 수분의 증발과 응고와 강우라는 "수문학적 순환"(水文學的 循環, hydrological cycle) 현상을 지랫대로 삼아, 지구상에서 발생하는 모든 현상을 순환의 그물망으로 그려보았다. 그리고 「자연계의 질서」("Oeconomy of Nature", 1751)란 논문을 통해 그의 제자 아이작 비벅(Isaac Biberg)은 수문학적 순환에 의해 지구 도처에 물이 공급되고 그 결과 온갖 생명체들이 먹이사슬을 이룬다는 주장을 설득력 있게 개진한다. 육식동물과 먹이가 위계적 먹이사슬 내에서 공존함으로써 결과적으로 다양한 종들 간 "개체수의 균형"이 유지된다는 것이다. 세계를 "조화로운 자기조절적 체계"(harmonious self-regulating system)라 주장하는 비벅의 논문은 18세기 지배적 과학사상을 공식화한 고전적인 글이다. 비벅의 말을 직접 인용하자면, "자연계의 질서로 인해 인간은 지극히 현명한 '창조주'의 성격을 자연물들과의 관계 속에서 이해하게 되며, 그러한 질서로 인해 자연물들은 보편적 목표와 상보적 효용성을 생산하는 방향으로 유도된다."(39) 모든 자연물들은 "상보적 관계"로 존재하면서 순환의 복합적 질서를 만들어 낸다는 것이다. 비벅의 이 같은 생각은 지구 전체가 하나의 거대한 생태계란 인식에서 출발하는 오늘날의 생태사상과 기능적인 면에서 유사성이 많다고 하겠다.

화학자 조지프 프리슬리(Joseph Priestly, 1733~1804)는 1772년에 '광합성'(photosynthesis) 이론을 발표하면서 식물의 호흡작용을 순환모델의 지침에 따라 설명한다. 식물은 인간과 동물이 내뱉은 "탁한 공기"를 정화시키기 위해 빛의 에너지를 사용하는데 그것은 "복원적" 과정이라는 것이다. 그리고 당시 왕립협회(Royal Society) 회장이던 존 프링글(Sir John Pringle)은 프리슬리 가설의 의미를 전 지구적 차원으로 확장시킨다. 프리슬리의 생각으로는 도시가 배출한 오염된 공기를 정화시키기 위해서는 사람이 살지 않는 머나먼 지역의 식물들이 반드시 필요하다. 좋은 공기와 나쁜 공기는 수문학적 순환과 유사하게 바람이라는 공기이동현상에 따라 끊임없이 순환한다는 것이다. "식물계의 질서"(The Economy of Vegetation)라 이름붙인

『식물원 이야기』의 1부에서 에라스무스 다윈(Erasmus Darwin)은 식물이 광합성운동을 통해 산소와 당분(糖分)을 생산한다며, 환경과 관련된 초록식물의 역할을 기술한다. 또한 그는 개체들 간의 경쟁은 종 전체를 더 낳은 방향으로 유도할 수 있다며, 손자인 찰스 다윈을 예견케 하는 진화론적 주장을 펴기도 한다.

그런데 린네에서 에라스무스 다윈에 이르기까지 즐겨 사용되는 "경제 은유"(economic metaphor)에 주목할 필요가 있다. 아담 스미스(Adam Smith)가 『국부론』(The Wealth of Nations, 1776)에서 자유시장경제체제의 상품순환 과정을 기술했던 것과 동일한 방식으로, 그들은 이 은유를 통해 자연계의 순환이야말로 자원의 효율적인 배분과 소비를 증진시킨다고 주장하는 것이다. 18세기 과학이 기술하는 바에 의하면, "보이지 않는 손"에 의해 개체들의 행위 결과가 완벽하게 활용되는 자연계는 마치 자본주의 경제체제처럼 작동하면서 질서를 이룬다. 그런데 문제는 이들 과학자들이 인간의 자연개입 문제를 진지하게 검토하지도 문제시하지도 않았다는 사실이다. 지방적 규모에서 자행되는 인간의 행위는 분명히 파괴적인 경우라 할지라도 궁극적으로는 천연자원의 개발과 개선에 기여한다고 보았던 것이다.

그러므로 18세기로 접어든 뒤에 새롭게 출현한 전체론적 과학사상은 인간의 자연계 침탈 가능성을 외면했다는 점에서

크나큰 한계를 드러낸다고 하겠다. 또한 특히 생물학의 영역에서는 대우주와 소우주 간에 상당한 갭이 존재했다. 유기체 내부의 역동적 움직임과 지구환경 전체의 광범위한 순환 과정들에 대한 이해가 급속도로 증대되고 있었음에도, 특정 동식물들이 서로 연계되는 방식을 지역적 맥락에서 탐구함으로써 다양한 이론들을 통합해 보려는 노력은 좀처럼 보이지 않는다. 분류학 분야에서는 분류된 종의 수가 엄청나게 증가하지만, 특정 종의 활동범위와 서식지를 서술하려는 노력도 특정 종의 활동상황과 생명 사이클에 대한 관찰도 너무나 미미했다. 그러던 와중에 길버트 화잇(Gilbert White)은 "자연계의 질서"(the economy of nature) 내에서 특정 생명체가 수행하는 역할에 주목하면서 지역적 탐구를 정밀하게 수행해 나간다. 그가 저술한 『셀번의 자연사 박물지와 문화유산』(Natural History and Antiquities of Selborne, 1789)은 생태적 사유의 고전이라 할 만하다. 셀번은 특정 지역에 서식하는 생명체에 눈을 돌림으로써 18세기 자연사 기술을 특징지었던 표본수집과 분류의 편협한 연구관행을 뛰어넘어 생태계 연구에 획기적 첫 발을 내딛는다.

서식지에서의 종의 적응력, 모든 생명체의 상호의존성, 인간이 자연생태계에 개입할 경우 파국의 가능성 등 생태적 사유의 몇몇 본질적 통찰들은 18세기 과학적 저술들을 통해 분명하게 개진된다. 이안 와일리(Ian Wylie)가 『젊은 콜리지와 자연철학자들』(Young Coleridge and the Philosophers of Nature, 1989)에서 보여준 바 있듯이, 콜리지는 그 당시 과학사상에 정통해 있었고, 화학과 생물학 분야의 새로운 발견들이 의미하는 바를 한층 더 폭넓은 수준에서 충분히 내면화하고 있었다. 특히 자연의 운행과 관련하여 그는 새로운 순환론적 관점에 매료되어 있었다. 리빙스턴 로우(John Livingston Lowes)에 의하면, 그는 자연의 본질적 요소들에 대한 일련의 찬가의 기초로서 이 과학적 모델을 활용할 계획을 세우기도 한다(Lowes, 69~72 83~84; Wylie, 73).

콜리지에게 이 과학적 모델은 또한 정치적 사회적 의미를 지니는 것이었다. 그의 팬티소크러시 기획은 서스퀴하나 강어귀에 "자연계의 질서"를 구현하려는 의도에서 시작된다. 콜리지 초기의 급진적 정치관은 자연계를 생물학적 평등주의 공동체로 보는 그의 견해와 맞닿아 있다. 팬티소크러시의 주요 정치적 신조는 공동체 구성원 모두의 "평등의 정치"이며, 그것은 "사유재산의 공유화"를 지향하는 '아스페터리즘'(Aspheterism)과 맥을 같이한다. 그러므로 자연계의 질서를 바탕으로 한 과학적 신조는 정치경제의 영역에서도 실행 가능한 모델이 될 수 있다고 콜리지는 생각했다. 그런데 자연계의 질서 이론을 수용할 때 그는 아담 스미스의 자유방임의 경제 모델을 곧이곧대로 수용하지는 않는다. 그에게 자연계는 먹고 먹히는 무한경쟁의 장이기보다는 생명체 하나하나가 나름대로 특유의 잠재력을 발휘할 수 있도록 여건이 충분히 조성되어야 하는 평등의 땅, 희망의 땅이다. 이렇듯 자연계의 질서와 관련된 콜리지의 평등주의적 관점은 「어린 나귀에게」(To a Young Ass)란 시에도 암시된다. 이 시에서 그는 나귀를 "형제"로 환대하는가 하면 팬티소크러시 공동체를 두고 인간과 짐승이 조화롭게 함께 살 수 있는 곳, "평화와 부드러운 평등의 골짜기"라 부른다.

팬티소크러시의 정치경제적 신조는 콜리지의 생태적 신조와 긴밀하게 연계되어 있다. 팬티소크러시 공동체에서는 모든 피조물들이 에덴적 상태에서 평화롭게 공존한다. 맥쿠식이 "급진적 아담주의"(the radical Adamicism)이라 부르는 이 같은 입장은 블레이크의 "예언의 정치학"(visionary politics)을 연상케 한다. 훗날 콜리지는 젊은 시절의 급진주의와 의절하지만, 보다 보수적인 버크적 정치관으로 선회한 뒤에도 그는 유기체론의 기본 골격을 포기하지 않는다. 『국가와 교회의 조직에 대하여』(On the Constitution of Church and State)란 글에서도 그는 국가와 시민, 교회와 교구민 간에는 자기조절의 관계가 부단히 진화 발전한다고 보기 때문이다. 인생역정에서 그는 정치적 견해를 바꾸는가 하면 그의 정치적 견해는 일관성을 결여하는 경우도 있다. 그러나 그 같은 결함에도 불구하고 그의 사상 전반을 굳건히 떠받쳐 주는 것은 국가와 사회를 비롯한 자연계 전체를 하나의 거대한 유기체로 보는 젊은 시절의 이상주의적 관점이다.

산골마을의 생태언어

'호수지방'(Lake District) 자연생태에 대한 관찰은 "전체론적"(holistic) 인식을 반영하는 방향으로 초점이 모아진다. 1802년 8월, 그는 호수지방을 여러 곳을 여행하면서 그곳에 자생하는 식물들의 이름을 채록하는가 하면 식물들 서로간의 관계를 재현하는 일에도 신경을 쓴다. 그때 정리한 노트북에는 식물의 이름과 함께 식물들 서로간의 관계가, "접시꽃과 야생 다임이 함께 배회하고 — 그들과 함께 여우꼬리도 — 고사리, 골풀, 등등." 식으로 기술되어 있다. 길버트 화잇처럼 콜리지도 린네적 학명보다는 지역주민들이 늘 사용하는 토속적인 이름을 선호한다. 그처럼 흔해빠진 이름들이야말로 그 지역의 역사와도 지역주민의 정체성과도 긴밀히 연결되어 있기 때문이다. 1803년의 노트북 도입부에서도 그는 "내 젊은 시절 모두의 아니 내 인생 전체에서 (가장) 품위 있는 시"를 짓겠다는 포부를 밝히면서, 거기에는 "식물과 꽃, 학명으로 인해 언제나 생기를 잃어버리는 것들에 대한 나의 열정"이 담길 것임을 분명히 한다(Notebooks 1, 1610). 이때부터 그는 호수지방 자생식물들에 대한 정보를 수집하는 일에 골몰한다. 1800년 12월,

사라 허친슨(Sara Hutchinson)은 윌리엄 위더링(William Withering)의 『영국 식물 분류』(Arrangement of British Plants, 1796)에 기록된 식물이름 목록 가운데 여러 장을 콜리지의 공책에다 옮겨 적는다. 이 목록에는 사라 자신이 개작한 식물이름들도 다수 포함되어 있는데, 그런 이름들은 그 지역 식물들에 대한 사라의 개인적인 지식에서 비롯된 것들이다. 아래 인용을 보면 사라가 기록 정리한 식물이름 목록의 성격과 함께 그녀의 개작 방향을 가늠할 수 있을 것이다.

> 고지 오이풀. 쥐오줌풀. 비로도 잎사귀. 비너스의 머리빗. 비너스의 거울. 봄풀. 마편초. 살갈퀴. 애기살갈퀴. 개망나니 넝쿨. 제비꽃. 갈라티안 제비꽃. 독사풀. 처녀의 보금자리(= 나그네의 기쁨, 천방지축 오름꾼, 꽃꽂이, 클레머티스).[4]

이 현란한 식물이름들은 모두가 민중적 경험에 튼튼히 뿌리내린 것들로, "아가씨들의 별장"(Virgins' Bower)을 대상으로 한 사라의 개작명칭들을 보면 토착식물에 대한 그녀의 지식이 매우 광범위하고도 정확함을 알 수 있다. 콜리지에게 이

---

[4] Coleridge, *Notebooks* 1, 864. 사라 허친슨이 개작한 이름들 중에서 가장 재미난 것은 위더링의 "생앙쥐귀"(Mouse-ear)를 개작한 "물망초"(forget me not)일 것이다. 나중에 이 이름은 "Keepsake"란 시에 사용되고 또 OED에도 인용된다. MacKusick 234, n. 13.

토속식물이름 목록은 차후에 문학적 개작으로 이어질 수 있는 언어적 자료의 저장소로 여겨졌을 것이다.

1802년 8월의 도보여행 과정에서 콜리지는 호수지방의 집과 마을과 길과 사람들의 생활방식을 역사과정의 산물로 인식하기보다는 자가발전된 그 지방 특유의 것들로 인식하면서 "울파 커크"(Ulpha Kirk) 주변 풍경을 이렇게 묘사한다.

> 지극히 낭만적인 골짜기. 골짜기를 품은, 나지막한 가파른 산들… 울퉁불퉁 낮은 언덕 위에 서 있는 교회, 교회 위로 산길이 가파르게 뻗어나간다. 그 너머에는 고지의 평평한 들판. 뒤에는 서로 다른 모습의 깎아지른 산들이 버티고 서 있다.

이 서술문에는 사물 하나하나가 바로 행위의 주체임을 드러내는 동사들이 배치되며, 그래서 작인(作人)으로서의 인간이란 관념이 암암리에 배제된다. -교회는 턱 버티고 "서 있고", 그 위로 산길이 가파르게 "뻗어나가는" 것이다. 자연으로부터 인간의 개입이 차단된 뒤에는 자연물의 활발한 움직임을 보여주는 능동적 구문들이 이어진다.-"이 집 너머로 한 줄기 시내가 샘까지 가파르게 내달리고, 언덕 너머로는 아름다운 길이 뱀처럼 기어가네." 그래서 주변 환경과 조화를 이루는 에스크델(Eskdale) 양치기의 나지막한 오두막들은 다른 지방에서는 찾아볼 수 없는 그 지방 특유의 매력을 발산한다. 인간이 만들어낸 그 모든 것들이 자율적이고 자족적인 유기적 형상들로 비쳐질 뿐만 아니라 광활한 풍경과 분리될 수 없는 요소들로 인식되는 것이다.

콜리지의 미학적 유기체론을 논의할 때면 칸트철학을 비롯한 독일 미학사상의 영향을 도외시할 수는 없을 것이다. 그러나 기본적으로 콜리지의 유기체론은 젊은 시절 자연과 교감하며 소중하게 간직했던 생각과 정감들이 미학적으로 발전된 것이다. "유기적 조직체"(organism)라는 전체론적 관념이 생태학적으로 완결성을 갖추기 위해서는 주거지와의 관계에 대한 고려가 필수적이었다. "유기체론"(organicism)의 경우에도 "잘 빚어진 항아리"처럼 형태의 완결성도 중요하지만 그에 못지않게 중요한 것은 미적 내실을 에워싼 그리고 그 대상을 먹여 살리는 언어적 문화적 환경과의 관계에 대한 인식이다. 호수지방의 여행기록 여러 곳에서 확인할 수 있듯이, "유기적 형태"(organic form)라는 미학적 개념을 정립함에 있어 콜리지는 미적 대상이 환경과 조화를 이룰 수 있는 다양한 방식들을 모색한다.

호수지방 자연생태와 사회생태의 매력은 언어 또한 지역환경 속에서 진화 발전한다는 인식과 연계되어 있다. 앞에서 우리는 호수지방의 장소명 뿐만 아니라 동식물의 토착명칭에 대한 콜리지의 각별한 관심을 확인할 수 있었다. 직업문인으로서의 콜리지는 단어만들기에 몰입함으로써 언어의 진화를 적극 유도한다. 그의 시와 산문을 보면 그가 새로운 단어를 만드는 일에 얼마나 적극적이었는지 쉽게 알 수 있다. 특히 작가 초년생 시절에 기록한 노트북에서 그의 단어만들기는 풍경묘사의 차원에서 이루어진다. 그는 언어적 형식도 땅과 그 땅에 사는 사람들 간의 지속적인 대화의 결과임을 보여주는 것이다. 때로는 장난기로 넘쳐나는가 하면 때로는 너무나 진지한 그의 비공식적 산문들은 낭만기 어느 작가도 넘볼 수 없는 언어적 풍요로움으로 가득 차 있다.

특히 그의 산문들은 "treeage", "hillage", "cloudage" 등 무리접미사 "-age"가 붙은 신조어(新造語)들로 넘쳐나는데, 이는 그가 자연물들을 개체가 아닌 복합적 무리로 인식함을 말하여 준다. 작은 규모의 "cataracts"를 장난스레 재현하기 위해 "kittenracts"란 합성어를 만들어 내며, "breezelet"과 "wavelet" 또한 같은 류에 속하는 조어들이다. 뿐만 아니라 폭포의 특이한 모습들은 "waterslide"와 "interslope"란 조어들로 조형적 표현에 도달하는가 하면, 바위틈에서 자란 나무의 뒤틀린 모습은 "twistures"로 재현된다. 그리고 특이한 지세를 재현하는 단어들은 역동적 에너지로 또는 병치적 암시들로 넘쳐난다.

단어만들기와 관련된 이 같은 대담성은 자연력을 찬양하기 위해 일련의 시를 지으려는 그의 계획에도 모습을 드러낸다. 그는 "자연의 모든 매력 또는 '엄청난 힘'"을 하나하나 열거하는 "숭엄한" 대목에서 시가 절정에 이르도록 할 계획이었다 (Notebooks 1, 174). 앞서 인용한 조어들뿐만 아니라 "tremendities" 란 신조어를 통해 콜리지가 보여주려 한 것은 무엇이었던가? 이처럼 새로운 어휘 형태를 통해 그는 자연계란 다양한 종들이 우글거리는 단순한 집합소가 아니라 그 모두를 아우르는 유기적 조직체임을 보여주려 했을 것이다. 세상을 통합적 공동체로 보는 이 새로운 세계관은 자연물들 간의 유기적 관계를 드러내는 새로운 어휘 형태들을 매개로 생생하게 표현된다. 그러므로 새롭게 창조된 이 어휘 형태들을 두고 우리는 모든 생명체의 주거지(οἴκος)인 지구를 위해 발언하는 언어, 즉 "생태언어"(ecolect)라 불러도 좋을 것이다.[5] 시적 언어가 문화적 주류와 뒤엉켜 사실상 둘 사이의 차이점을 식별하기가 쉽지 않은 다른 작가들과는 달리, 콜리지는 자기만의 생태언어를 창조하는 데 대부분 성공한다. 앞서 전개한 내용을 반복 요약하자면, 콜리지가 창조한 언어는 호수지방의 자연조건을 반영하는 생태언어이자 자연에 대한 콜리지 특유의 인식과 반응을 표현하는 방식이었다.

---

[5] "ecolect"란 단어는 "주거지" 또는 "처소"(household, or dwelling-place)를 의미하는 희랍어 "οἴκος"에서 유래된 것으로, Hugh Sykes Davies가 *Wordsworth and the Worth of Words* (Cambridge UP, 1986) 274~275에서 맨 처음 사용한 것으로 알려져 있다. MacKusick 234.

배 그림자의 생태학

콜리지의 생태의식은 「옛 뱃사람의 노래」(The Rime of the Ancyent Marinere)에서도 쉽사리 확인된다. 중세 철자법에 따라 시종일관 '민요연'(民謠聯, ballad stanza)으로 구성 전개되는 이 '담시'(譚詩, narrative poem)는 『서정민요시집』 초판본(1798)의 서두를 장식한다. 따라서 시집 전체의 전반적 주제를 천명하는 이 시는 "생태적 이탈의 비유담"으로 읽을 때 가장 마음에 와 닿는다.

한 마디로 '매리너'(Mariner)는 중세 '도덕극'(morality play)의 '만인'(Everyman)과도 같은 인물이다. 남극을 향해 (탐험하기 위해서일까?) 망망대해를 항해하던 중 매리너가 탄 배는 생명체라고는 찾아볼 수 없는 얼음바다에서 표류하게 된다. "인간의 모습도 짐승의 모습도 보이지 않고 -- / 사방은 온통 얼음뿐". 콜리지가 "ken"(=know)이란 사어(死語)를 매개로 암시하려 한 것은 무엇일까? 매리너는 생명의 세계에 대한 공감력도 참여의식도 거세된 채 단순히 초연한 관찰자로 탐험선에 승선한다. 그러므로 매리너는 사물을 이분법적으로 바라보는 데카르트적 이원론자인 셈이며, 그의 위기상황은 서구인들 사이에 보편화된 세계인식 방식에서 비롯된다고 하겠다. 남극지방의 피조물들로부터 매리너를 분리시켜 차가운 얼음덩어리들 사이를 떠돌게 하는 것은 "데카르트적 이분법"(Cartesian dualism)이야기하는 "인식론적 틈새 혹은 간극"(epistemic gap)인 것이다.

앨버트로스는 "인식론적 안개"(epistemic fog)를 헤치고 홀연히 나타나 배 주위를 유유히 선회하는데, 선원들에게 그 새는 남극지방의 추위와 황량함을 완화시켜 줄 수 있는 사자(使者) 혹은 수호신으로 비쳐진다. 그 새를 보는 순간 선원들 모두가 일체감을 맛보게 되며, 그래서 이교신이 지배하는 이역만리 타지에서 기독교도를 만나기라도 한 양 그들은 그 새를 환대한다.

> 마침내 앨버트로스가 지나갔네,
>   안개를 뚫고 그것은 왔네.
> 마치 기독교인을 만나기라도 한 듯,
>   우리는 하느님의 이름으로 그걸 환대했네.

얼음세계를 가로질러 인간의 세계로 날아온 앨버트로스는 자연과 문명 사이에 가로놓인 장벽을 뛰어넘었다고 할 수 있다. 인식론적 관점에서 보더라도 앨버트로스의 출현은 매리너의 절연과 고독을 어루만져줄 해결의 가능성으로 마음에 와 닿는다. 그 새는 "음식을 받아먹기 위해 또는 함께 놀기 위해 하루도 거르지 않고" 날아와 외로운 선원들의 마음을 어루만지며 동료애를 일깨우는가 하면 배를 빙산들 사이로 안전하게 인도한다.

그러던 어느 날 뜻밖에도 매리너는 앨버트로스를 "활"로 쏘아 죽인다. 그 "활"(cross bow)은 유럽 기술문명의 파괴성을 표상하는 끔찍스런 무기이자 아이러니하게도 "십자가"(cross)를 연상케 하며, 그래서 파괴와 잔혹의 표상은 어느덧 희생과 속죄의 표상으로 바뀐다. 앨버트로스를 남극지방의 순수한 사자로 볼 때, 매리너의 무동기 살해행위는 그 지역의 모든 피조물들을 향한 무차별 공격으로 해석할 수 있다. 그러나 남극지방은 "남극의 악령"(Polar Spirit)을 대리인으로 내세워 통렬하게 보복을 가한다. 피조물 하나의 파괴가 곧바로 자연계 질서 전체의 와해로 이어지기라도 하듯이, 매리너는 동료선원 모두의 죽음뿐만 아니라 생명계 전체의 부패를 목격하면서 죽음의 나락을 헤매어야 했다.

> 깊은 심연은 썩어 들고. 오 주님!
> 어찌 이런 일이 일어날 수 있나이까!
> 아, 끈적끈적한 생물들이
> 끈적끈적한 바다위를 기어다녔네.

박물지 어디에서도 찾아볼 수 없는 이 끈적거리는 피조물들은 인간의 파괴행위에서 비롯된 것들로 자연의 죽음을 표상한다. 역사의 구체적 맥락에 비추어 볼 때 매리너의 항해는 쿠크 선장의 두 번째 항해에 비유될 수 있다. 그 항해 과정에서 남극지방의 지도가 상세하게 그려질 뿐 아니라, 거기에 서식하는 동물군에 대한 관찰기록들이 대거 출현하며, 그것은 곧바로 해표와 고래 등 남극지방에 서식하는 생물들의 대량 살상으로 이어진다.

매리너가 탄 배가 태평양 상의 열대지방을 항해할 즈음 다양한 생물들이 무리지어 배 주위를 헤엄쳐 다닌다. 목재선이 열대바다를 오래 항해하다 보면 배 밑바닥에는 삿갓조개와 해초를 비롯하여 배 그림자 안에서 서식하는 물고기떼에 이르기까지 온갖 생물들로 들끓게 마련이다. 배는 떠다니는 암초와도 같은 것이, 배 주변에 서식하는 갖가지 바다동물과 식물들은 배에 탄 사람들에게 위험과 함께 기회도 제공한다. 수중생물들로 인한 배 바닥의 손상과 급격한 부식은 배를 파국으로 몰고 갈 수도 있으나, 풍요롭고 다양한 수중생물들은 영국 탐험가들에게 경이감과 놀라움을 선사하기도 한다. 리빙스턴 로우스(Livingston Lowes)는 쿡 선장(Captain Cook)의 세 번째 항해 일지 가운데「옛 뱃사람의 노래」를 연상케 하는 다음 대목을 인용한 바 있다.

> 둘째 때 되는 날 아침 고요 속에서, 바다의 어떤 부분들은 끈적끈적한 점토 같은 것으로 덮여 있는 것 같았고, 조그만 바다생체들이 주변을 헤엄쳐 다니고 있었다… 그것들은 등, 옆구리, 배, 할 것 없이 아주 손쉽게 헤엄쳐

다녔는데, 그때마다 가장 값비싼 보석들의 현란한 광채들을 뿜어내었다… 그것들은 … 아마도 밤에 항해할 때 배 옆에서 흔히 관찰되는 그런 생물들일 것이다. (Lowes, 42)

콜리지의 시에서 "물뱀들"은 배 그림자라는 지역생태계 내에서 생태계의 순환에 적극 참여하는 것들로 재현된다. 마찬가지로 쿡 선장(Captain Cook)의 배 근처를 헤엄쳐 다니는 이 끈적끈적한 생물들도 그것을 관찰하느라 여념이 없는 과학자들의 눈에 예기치 않은 아름다움을 선사한다. 그것들이 역겨움을 유발했던 것은 그것들 고유의 내재적 결함 때문이 아니라 매리너의 인식 방식에 문제가 있었기 때문이다. 매리너가 물뱀이 발산하는 아름다운 불꽃에 매료되어 "자신도 모르는 사이에" 물뱀들을 축복하는 순간 그것들은 "배 그림자" 안에 서식하는 생물들로 인식된다. 뜨거운 김이 모락모락 피어오르는 늪지와도 같은 열대바다에서, 배의 그림자가 드리운 곳은 바다 생물들의 풍요로운 서식지 역할을 하는 "경계지역"(ecotone, or boundary region)인 것이다.

> 길게 드리운 배 그림자 안에 나는
>   그것들의 화려한 모습을 보았네.
> 푸른 빛, 윤기 나는 초록빛,
> 검정 비로도 색으로 뒤엉켜 헤엄쳐 다니며,

눈부신 황금빛 불길을 일으키고 있었네.

물뱀들의 이 눈부신 행렬은 에라스무스 다윈이 『식물계의 질서』(The Economy of Vegetation)에서 서술한 빛의 사슬과 대단히 유사하다. 다윈에 의하면, 그 같은 현상은 물고기 분비물이 부패하는 초기단계에 나타나는 현상이다. 그처럼 끈적끈적한 생물들에게서 숨겨진 아름다움을 발견한 매리너는 모든 생명체들이, 심지어는 미생물들까지도, 생태계 전반의 순환과정에서 없어서는 안 될 존재들임을 깊이 인식한다.

자신도 모르는 사이에 물뱀들을 축복한 결과 목에 걸려있던 알바트로스가 "납처럼 바다 속으로 떨어지고", 드디어 그는 자연으로부터의 소외 상태에서 해방된다. 분리의 영역을 넘어서기 위해서는 "인간과 새와 짐승"이 "하나임"(oneness)을 인식케 하는 "무동기적 공감"이 필연으로 요구된다. 그는 그러한 사실을 앨버트로스를 통해 배우게 되는 것이다. 경계지역에 대한 관심이란 관점에서 볼 때 이 시는 현대 환경론자들의 몇몇 핵심적인 생각들을 사전에 예견하는 측면이 있다. 「경계지역과 환경윤리」("Ecotones and Environmental Ethics")란 글에서 로먼드 콜스(Romand Coles)는 경계지역이 갖는 윤리적 상상적 의미의 중요성을 이렇게 기술한 바 있다.

경계지역은 주변들이 복잡하게 뒤섞이며 공존하는 대

단히 비옥한 공간으로, "진화적 가능성"으로 충전된 "특별한 만남의 장소"이다. 에코톤느(ecotone)의 어원이 처소(oikos)와 긴장(tonus)의 합성어라는 사실을 인식할 때 우리는 다양한 사람과 존재와 풍경들 사이 긴장의 가장자리에 위치한 처소의 비옥성과 다산성의 이미지를 떠올리게 된다… "풍요로워진다는 것은 무슨 의미인가?" 『북극의 꿈』 서문에서 로페즈는 묻는다. 그는 북극 생물들의 보금자리에 대한 생물학적 은유적 풍요를 현란하게 보여줌으로써 이 질문에 대한 한 가지 대답을 제시하고 있는 듯하다.

「옛 뱃사람의 노래」도 서로 다른 영역들 사이에 위치한 경계지역의 윤리적 의미에 대하여 사색한다. 시의 초반부 에피소드에서 앨버트로스는 "에머럴드 초록빛" 빙산들이 떠다니는 비인간적 세계를 가로질러 선원들이 서식하는 인간공동체로 날아온다. 시의 정점에 오면 열대바다의 풍요로운 경계지역으로 "배의 그림자"가 드리운 배 그늘이 제시된다. 매리너가 살아남기 위해서는 물뱀들을 축복할 정도의 무동기적 공감이 요구되며, 그 물뱀들은 열대바다와 배의 중간지대, 즉 배 그림자가 드리운 곳에 서식하는 것으로 그려진다. 시의 종결부에서 매리너는 바다에서 육지로 귀환하는데, 은자(隱者, Hermit)의 도움으로 바보소년이 젓는 조각배에 몸을 싣고 포구에 도착한다. 그런데 그 은자는 "바다로 경사져 내려오는 숲"

속에, 즉 또 다른 경계지역에 둥지를 틀고 서식하는 것이다. 이 모든 경계지역들은 초록세상과 문명의 파괴에 대한 사색의 출발점이자 귀착점이다. 매리너의 이야기를 전해들은 결혼식 하객은 미물이라 할지라도 의도적으로 생물을 죽이면 예기치 않은 결과가 초래될 수도 있음을 뼈저리게 인식하면서 "보다 더 진지하고 보다 더 현명한 사람"으로 거듭난다. 그러므로 "영장과 미물 모두"의 입지를 똑 같이 옹호하는 이 시는 콜리지의 생태적 비전 가운데서도 환경보전 전략을 가장 잘 예시한다고 하겠다.

「옛 뱃사람의 노래」에 사용된 콜리시의 언어는 새로운 생태언어 구축 노력의 결정적 증거가 된다.『재너두로 가는 길』(The Road to Xanadu)에서 로스가 장황하게 기술한 바 있듯이 (296~310), 1798년 판본은 퍼시(Thomas Percy)의 『고대 영시의 유산』(Reliques of Ancient English Poetry, 1765)과 채터튼(Thomas Chatterton)의 "라울리"(Rowley) 시편들을 모델로 한 단순한 모조품은 아니다. 로스의 학설에 의하면 콜리지는 분명하게 구별되는 세 가지 유형의 고어를 사용하며 그 결합을 시도한다. 첫째, 전통민요의 어휘(pheere, eldritch, beforne, I ween, sterte, een, countree, withouten, cauld); 둘째, 초서와 스펜서의 어법(ne, uprist, I wist, yspread, yeven, n'old, eftsones, lavrock, jargoning, minstralsy); 셋째, 항해용어(swound, weft, clifts, biscuit-worms, fire-flags)가 그것이다. 그런데 1800년 판본에서는 그런 어휘나

어법들이 대부분 사라진다. 아마도 1799년 8월 『브리티시 크리틱』(British Critic) 지에 실린 어떤 논자의 글 때문이리라. 그 논자는 콜리지의 고어사용 경향을 강도 높게 비판하면서, 특히 "swound"와 "weft"를 두고 엉터리 어법의 극치라며 매도한다. 그 결과 1800년 판본에서는 어법의 현대화가 이루어지며, 더욱이 『무당의 서』(Sibylline Leaves, 1817)에 실린 제3의 판본에서는 "여백 설명"(marginal gloss)이 첨가된다. 이를 두고 학계에서는 오랫동안 장단점 논쟁이 가열되는데, 로스는 개정판을 크나큰 진전으로 보는 입장이며, 현금의 비평가들 대부분이 로스의 견해에 동의한다. 하지만 1817년판본의 접근가능성과 응집력은 초판본의 혼합주의적 다양성을 심각하게 훼손한 결과이다. 논자의 생각으로는 초판본이야말로 고어의 파편들을 주워 모아 한층 더 다채로운 조직과 한층 더 폭넓은 표현 양식으로 나아가려는 시인의 야심 찬 욕망을 보여주는 듯하다.

1798년판 「옛 뱃사람의 노래」는 어휘적 다양성 유지를 통한 생태적 주제의 고양을 목표로 한다. 고풍스런 어법과 철자의 사용은 단순히 이상야릇하게 보인다거나 문학적 유행을 따르기 위함이 아니다. 특정 시기 특정 장소의 언어를 집약적으로 보여주기보다는 분명하게 구별되는 여러 역사적 층위와 사회적 층위들에서 사용되던 다양한 어법들에 절충하듯 기대는 것이다. 어휘적 다양성의 목표는 언어의 다중언어적 특질과 통시적 특질을 한데 아우르는 매리너 특유의 '개인 언어'(idiolect) 구축에 있다. 현대어와 고어의 인접으로 인하여 매리너는 지리적 공간과 역사적 시기를 가로지르는 보편적 "떠돌이"(wanderer)의 특질을 부여받는다. 더구나 고어 하나의 소멸이 언어현상 전반에 예기치 않은 반향을 불러일으킬 수도 있기에, 이 시의 고풍스런 어법은 환경적 주제의 언어적 등가물인 셈이다. 영어단어 또한 촘촘하게 짜인 하나의 유기체라면, 단어의 소멸은 매리너가 앨버트로스를 쏘아죽인 뒤에 겪은 것과 같은 엄청난 고통으로 이어질 수도 있는 것이다. 유기적 언어관의 관점에서 볼 때「옛 뱃사람의 노래」는 고어의 회복과 보존을 통하여 우리시내 언어를 더욱 디 풍성히고 활기 넘치는 시어로 거듭나게 하려는 시인의 열망을 표현하고 있다.

역동적 생태시인

『서정민요시집』을 함께 준비하면서 워즈워스와 콜리지는 자연계란 역동적 생태계라는 인식 하에 아름다운 자연과 거기에 서식하는 야생동식물들의 보존을 위해 열과 성을 다한다. 1798년판 공동시집은 언어의 비옥한 서식지이다. 거기에 수록된 시들 모두가 다양성의 터전에서 자기만의 개성을 십분 발휘하기 때문이다. 이 공동작업의 성과들 가운데 유독 콜리지만의 몫으로 내세울 수 있는 것은 언어를 하나의 유기체로 보는 관점이다. 한 편의 시 또는 한 권의 시집이라는 언어 생태계 내에서 시인은 새로운 조어를 만들거나 고어에 생명의 숨결을 불어넣는 등 언어의 다양성과 비옥한 언어 환경을 조성하기 위해 안간힘을 쓴다. 콜리지의 전체론적 언어관은 18세기 생물학이 제공한, 유기체에 대한 새로운 이해의 바탕 위에서 전개되며, 그것은 또한 "자연계의 질서"란 생각 속에 표현된 순환론의 은유적 확장이기도 하다. 역사적으로 언어의 발달은 자연환경과의 관계에 의해 조건 지워지며, 유기체론의 미학도 시의 언어적 주거지를 의미의 본질적 결정인자로 간주한다. 「옛 뱃사람의 노래」는 시적 언어와 관련된 콜리지의 유기체론이 가장 잘 구현된 작품이다. 이 시에서 고풍스런 어법의 절충주의적 운용은 사회적, 지리적, 역사적 변이의 폭넓은 지형을 가로지르며 영어의 어휘적 다양성을 보존 확산시키는 데 기여한다. 훔볼트(Wilhelm von Humboldt)처럼 콜리지도 언어를 단순한 "생산품"이 아닌 일정 "행위"로 보았기에, 그의 시적 에너지는 자연계의 질서 내에서 인간의 역할을 표현해 낼 수 있는 생태언어 개발에 초점이 모아진다.

친환경 농부시인 존 클래어

노샘튼 농부의 고향 사랑

존 클레어(John Clare, 1793~1864)는 첫 시집 『전원생활과 전원풍경 묘사』(Poems Descriptive of Rural Life and Scenery, 1820) 표제 장에서 자신을 "노샘튼 농부"(Northampton peasant)라 소개한 바 있다. 이는 산업혁명이 가속화되던 1810년대 이후에 생태적 갈등의 현장으로 부상하던 잉글랜드 중동부지역 농민들의 목소리를 대변하는 것이자 자신의 지역적 정체성을 드러내는 발언이었다. 그 당시 영국에서는 농경지의 대부분을 소유한 귀족과 부르주아들이 자신들의 이익을 극대화하기 위해 "인클로저"(enclosure) 법안을 의회에 상정하며, 그 결과 탁 트인 들판에서 조상 대대로 농사를 지으며 자연친화적 삶을 영위해 온 농민들은 삶의 터전에서 내몰릴 위기에 처하게 된다.

조각난 농경지와 황무지들을 정비 합병하여 대단위로 경작한다면 생산성이 크게 신장될 것이고 농민들의 소득 또한 극대화될 것이란 개발논리가 "진보의 수사"(rhetoric of progress)에 편승하여 영국 농촌을 옥죄기 시작하는 것이다. 더욱이 늪지를 메우고, 물줄기를 돌리고, 산림을 벌목 개간하여 대단위 농경지로 전환하는 개발 사업은 조만간 생태계 전반을 회복 불능의 상태로 전락시키는 것을 의미했다. 그러나 당시에는 가난한 농민들의 운명과 그들의 터전을 걱정하는 목소리는 지극히 미미했다.

『전원생활과 전원풍경 묘사』의 출간을 통해 생태담론에 적극 개입한 클레어는 지역 환경 개선 사업에 반대 입장을 분명히 한다. 지역 환경 개선 사업은 조각난 농경지를 합병 정리하는 데 그치지 않고 공유들판과 늪지와 황무지들을 개간하여 노동집약적 생산 방식을 가동하게 될 것이다. 그렇게 되면 자연과 조화를 이루며 생체리듬을 조절해 온 농민들의 자연 친화적인 삶이 조만간 와해될 것임은 불을 보듯 뻔한 일이었다. 클레어의 시에서 자연은 농부나 양치기 또는 나무꾼 등 지역주민들의 관점에서, 심지어는 토종 동물이나 식물 또는 수로(水路) 등 친숙한 주변사물들의 가상의식(假像意識, imagined consciousness)을 통해 재현되며, 그의 환경 친화적 입장은 첫 시집 출간 이후에 나온 시들에서 뿐만 아니라 편지글과 일기에서도 더욱 더 강화되는 경향을 보인다. 어린 시절부터 주변의 동물군과 식물군에 관한 지식을 두루 갖춘 클레어는 모든 생명체는 상호의존적이라는 생태의식을 확대 심화시켜 나가며, 환경파괴를 목전에 둔 시점에서는 그에 대한 분노의 메시지를 강하게 토로한다.

개발 위주 정책의 추진으로 인한 강과 하천의 오염, 생태계의 파괴, 지구온난화, 유전자조작 등, 삶을 위협하는 여러 국면들이 시시각각 인간을 옥죄는 상황 속에서 우리는 하루하루를 살아가고 있다. 환경보호가 전 지구적 관심사로 부상한 지는 오래지만, 일상 속에서 자연친화적인 삶을 모색하고 조금씩이나마 실천하는 일은 우리 모두의 숙제로 남겨져 있다. 이러한 문제의식에 따라 논자는 19세기 전반기 영국 노샘튼 지방의 "농부시인" 존 클레어를 대상으로 그의 시가 보여주는 생태적 사유의 방향성과 내용, 재현 방식과 역사적 의의 등을 포괄적으로 점검해 보고자 한다.

삶의 터전

잉글랜드 중동부 노샘튼 주의 헬프스톤(Helpston)이란 시골마을에서 태어난 클레어는 만년에 신경과민증세로 정신병원에서 요양을 받다가 세상을 뜨기까지 고향마을을 떠난 적이 없었다. 그는 일찍이 지역주민들에게 지리적, 심리적 연대감을 불어넣기 위해 "Helpston"이란 고향마을 표기를 "Helpstone" 으로 대치하는 모습을 보인다. 그러므로 『전원생활과 전원풍경』의 서두를 장식하는 「헬프스톤」("Helpstone")이란 제목의 시는 삶의 터전의 중요성을 일깨워주는 시로서 다음에 이어지는 시들을 이해하는 데 참조점 역할을 한다. 이 시에서 그는 경제개발이 야기하는 엄청난 변화를 매우 못마땅해 하면서, 오염되지 않은 고향땅의 기억을 애정 어린 필치로 섬세하게 펼쳐 보인다. 클레어가 보여주는 어린 시절의 이상화는 워즈워스 이후 영국 낭만시가 보여주는 치졸한 감상성과는 다소 거리가 있다. 어린 시절의 이상화를 통해 클레어는 독자들(지역주민)의 마음속에 애향심을 불어넣을 뿐만 아니라 그들로 하여금 애정 어린 눈으로 고향을 바라보도록 유도한다. 어린 시절의 해맑은 "순수"와 산업화 시대의 차갑고 계산적인 "경험"의 세계 중에서 하나를 선택해야 했던 클레어는 블레이크처럼 경험세계의 조직적인 억압과 잔인함에 맞서 순수를 옹호하는 것이다.

「헬프스톤」에서 클레어는 고향마을에 서식하는 온갖 동식물들과의 끈끈한 유대감과 함께 초원이 사라진 현금의 사태에 대한 슬픔을 표현한다. "사라져버린 초원"에 대하여 서술하는 다음 대목은 그의 전원묘사 방식의 전형이라 보아도 좋을 것이다.

수많은 관목과 수많은 나무들로 무성했던 곳
(지금은 시내 사라졌건만) 한때는 시냇물이
부드러운 조약돌 위로 동그라미 그리며 흐르던 곳
(부드러운 물줄기 너머로 길은 끝없이 이어지고)
오크나무에 기대어 의혹에 찬 눈으로 바라보았지
청동갑옷 걸쳐 입은 풍뎅이들이
눈부신 햇살 받으며 이리저리 날아다니는 모습을.

 시냇물에 대한 클레어의 추억은 "이제 시내는 사라져 버렸다"는 현재의 삭막한 느낌으로 채색되고, 정적이 감도는 텅 빈 공간을 클레어 특유의 활기 넘치는 묘사언어로 채워 넣어야 하는 것이다. 그래서 부드럽게 흐르는 시냇물의 완만한 동작은 둥근 파장과 잔물결을 의미하는 방언 "wimpering"[wimpling]을 통해 인간의 미소 짓는 얼굴에 비유되면서 선명하게 환기된다. 이 토속어에는 인격화의 성향뿐만 아니라 어린이의 관점이 내포되어 있다. 어린이는 주변 사물들을 활기 넘치는 친숙한 것들로 인식하는 경향이 농후하기 때문이다. 시냇물이 엄마의 부드러운 미소를 지으며 지켜보는 가운데, 풍뎅이들이 가상의 놀이동무인양 눈부신 햇살을 받으며 이리저리 획획 날아다닌다. 이 모든 광경이 시냇가 좁은 둔덕에 위태롭게 서서 호기심 어린 눈으로 주변을 바라보는 어린이의 시선을 통해 전달되고 있다.

지역환경에 대한 클레어의 경험은 어린이의 신선함과 생생함을 추억으로 간직한 토착민의 경험이며, 그래서 어린 시절의 소중한 경험들은 어린이의 관점에서 투사된다. 평생토록 자기 작품의 "지역성"(locality)을 부각시키려 안간힘을 썼던 클레어는 「시골 음유시인」("The Village Minstrel")이란 제목의 '자전시'를 끝낸 시점에서는 그 시의 묘사 강도가 너무나 미약한 게 아닌지 우려를 나타내기도 한다. 클레어의 주요 관심사는 "지방색"을 나타내는 디테일들의 사실적 나열 보다는 지역 환경에의 "뿌리감"을 환기시킬 수 있는 방식들을 모색하는 데 있었다. 뿌리감을 구성하는 본질적 요소는 지역 동물군과 식물군에 대한 사실적 정보의 양보다는 인간을 포함한 모든 생명체의 서식지와의 관계를 인식할 줄 아는 자질과 품성, 즉 생태의식이기 때문이다. 이렇듯 클레어의 생태적 비전은 자기가 "태어나서 자란 곳"에 서식하는 온갖 생명체의 친화관계(親和關係)를 하나하나 세밀하게 습득하고 또 그 관계를 소중한 것으로 인식하는 방향으로 나아간다. 클레어는 노샘튼 지방의 숲과 들판과 습지에 서식하는 온갖 동식물들과 더불어 자연친화적인 삶을 영위하면서 생태계의 순환에 깊이 젖어든다.

"영국시 전반을 통틀어 최상의 자연애호가"라 불릴 만큼 클레어는 자기 시에다 지역에 서식하는 생물들에 관한 폭넓은 지식을 쏟아 붓는다. 어린 시절부터 새와 짐승들에 호기심이 많았던 그였기에, 토종 동식물들에 대한 그의 지식은 세월

이 지날수록 축적된다. 그렇다고 그가 린네(Carl von Linne; Carolus Linnaeus : 스웨덴 식물학자)적 전통이 제공하는 식물 분류학적 지식에 관심이 많았던 것은 아니다. 라틴어를 습득하지 못한 그는 자생 동식물의 종(species)과 속(genus)에 대한 "공식적" 라틴 명칭에는 관심이 없었다. 토착명칭을 사용하는 것이 자연스럽다고 보는 그는 토종 동식물과 마주칠 때면 단번에 그것을 알아보고, 그 이름을 거론하면서 생태적 특성의 미세한 부분까지 일일이 열거할 수 있었다. 그 당시 표본채집을 통해 생명체와 환경 간의 관계를 이해하려 했던 자연사학자들의 경우와는 달리, 클레어는 생태시인답게 새나 나비의 생동감 넘치는 모습에 친화를 느끼며 자연의 품으로 다가갔다.[6]

클레어의 자연관은 그 당시 지배적이던 실용주의적 자연관과는 극명하게 대조를 이룬다. 클레어도 자연의 아름다움에 탐닉하지만 그렇다고 인간의 목적을 위해 자연이 존재한다고는 생각지 않았다. 그래서 그는 경제적 용도나 심지어는 미적 관조를 위해 자연을 전유하는 처사에 강하게 발발한다. 클레어에게 자연계는 단순히 "자원"이나 "풍경"들로 이루어진 것이 아니었다. 그래서 먹이를 찾아다니는 날짐승, 들짐승들과

---

[6] 18세기 자연사학자 길버트 화이트(Gilbert White)처럼, 클레어는 종(species) 하나하나의 서식지와 분포, 행동양태, 계절의 변화에 따른 변이와 이동상황 등에 대하여 세밀하게 관찰하여 기록으로 남기는데, 그 기록은 나중에 Margaret Grainger에 의해 *The Natural History Prose Writings of John Clare*란 제목으로 출간된다.

다를 바 없이 클레어 자신도 주변 생태계의 활동에 정상적으로 참여해야 한다고 생각했다. 그래서 그의 시는 관례화된 회화적 양식에 따라 상황과 무대를 설정하는 법이 없이, 관점의 추이에 따라 그때그때 클로즈업되는 세부국면들을 점층적으로 누적시킨다. 발전적 전개의 기대를 무산시키면서 일화적 구성으로 한가롭게 나아가는 클레어의 재현 방식은 시간의 추이에 따른 전후관계와 인과성을 지워버리고, 재현방식 자체를 생명체의 일상적 계절적 생존 모형에 일치시킨다. 그의 시가 서술하는 사건들은 자주 혹은 관습적으로 되풀이되는 것들로, "I love to…"로 시작되는 구절들은 그 내용이 자주 되풀이되는 것임을 암시한다. 이렇듯 클레어의 "반복 양식"은 인과성과 시간성에 뿌리를 둔 서구 기술사회의 주류로부터 그의 시를 분리시켜 자연계의 생체리듬과 조화를 이루게 함으로써 그것을 또 다른 문화전통에 접목시킨다.

자연계로의 몰입, 지역 환경의 자율성 존중, 시간상의 차이를 무산시키는 재현 방식, 그리고 그를 통한 경험의 투사―이러한 생태적 핵심 사항들이 클레어로 하여금 생명체의 상호의존성에 대한 깊은 통찰로 나아가게 하였다. 자연계는 다양한 종들 간의 공생 관계로 서로 연계되어 있다는 생각은 「취향의 그림자들」("Shadows of Taste")이란 시에 잘 드러나 있다. 이 시에서 클레어는 과학자들의 표본채집 열광이 지식으로 이끌기보다는 오히려 잔인성만 키워준다며 준엄하게 비판한다. "우리를 현명하게 한답시고/ 나비를 목매달고 풍뎅이를 목 졸라 죽이는" 이들 과학자들은 편협한 분류학적 관점에 사로잡힌 나머지 지역 생태계의 공생관계를 의식하지 못할 뿐만 아니라 의식한다 해도 이를 외면한다는 것이다.

그러므로 초록세상은 생명체 하나하나의 고유 모습과 그것들의 서식지를 "전체론적 관점"(holistic perspective)에서 인식하고 존중하는 사람만이 접근 가능하다. 생태적 인간이 꽃을 사랑하는 것은 꽃이 향기를 발산하기 때문이 아니며, 나비를 사랑하는 것은 "다채로운 날개" 때문이 아니다. 그는 꽃이 "자기 서식지"에서 꽃을 피우고 나비가 춤추며 날아다니는 야생 그대로의 자연을 사랑한다. 또한 생태적 관점에서 볼 때 특정 생명체가 가치를 지니는 것은 경제적 또는 미학적 특성 때문이 아니라 한층 더 포괄적인 생명공동체에 참여하기 때문이다. 생물학적 공동체의 한 예로 클레어는 각양각색의 동식물을 먹여 살리며 그들의 서식지가 되기도 하는 "지지러진 오크나무"를 제시한다.

> 그는 황량하게 방치된 곳이면 어디든 사랑하지
> 바쁘게 일하느라 잊혀진 듯 보이는 곳
> 벼락 맞아 지지러진 오크나무
> 발작하듯 뒤틀린 그 몸통에는
> 시든 담쟁이넝쿨 갈비뼈마냥 덮여있네.

거기 예쁜 새 한 마리 반년 동안 둥지 틀고
벌레집들 뒤져 온갖 벌레 잡아먹지.
하지만 이것들을 보금자리에서 내 는다면
아름다운 것들은 시든 상념으로 전락하고
추억은 퇴색하고 마치 꿈결에서인양
이것들 모두가 실존의 그림자로 비쳐질 뿐.
이것들은 보금자리와 행복에서 찢겨져 나와
망연자실 서 있을 것이기에
낯선 지역의 가련하고 아둔한 이 포로들은.

  벼락에 얻어맞아 뒤틀릴 대로 뒤틀린 이 오크나무는 인습적인 관점에서 볼 때 아름답기는커녕 흉물스럽기만 하다. 그러나 넝쿨손과 새와 벌레와 곤충 등 다양한 종들의 서식지 역할을 하는 이 나무는 초록세상의 원형이 되기에 충분하다. '생태학'(ecology)이란 용어 자체가 "가정"(household) 또는 "처소"(dwelling place)를 의미하는 희랍어 οἶκος에서 유래된 것임을 감안할 때, 온갖 생물들의 삶의 터전이자 보금자리인 이 오크나무는 클레어의 생태적 비전이 투사되는 데 초점 역할을 한다. 특정 유기체가 의미와 가치를 지니게 되는 것은 그 유기체가 적절한 서식지에 보금자리를 마련하고 또 그것의 삶을 지탱시켜 주는 주변사물들과 공생관계를 유지할 때이다. 생존의 터전으로부터 분리된 생명체는 아름다움도 목적도 상실한 채 "시든 상념" 또는 "실존의 그림자"로 전락할 것이기 때문이다. 그러므로 클레어와 같은 "농부시인"은 생명공동체의 산 증인이 되어야 한다. 개발논리에 휘둘려 나날이 황폐해져 가는 자연환경 속에서 인간을 비롯한 모든 생명체는 취약하기 이를 데 없는 존재들이기 때문이다.

클레어의 생태적 비전은 다양한 종들 간의 상호작용과 상호의존을 묘사하는 대목에서 가장 잘 드러난다. 이를테면 「여름날 아침」("Summer Morning")이란 시를 보면, 참새는 "해로운 새"(pests)라는 통념이 거부된다. 참새는 익어가는 곡식 알갱이들을 쪼아 먹을 뿐만 아니라 벌레도 잡아먹는 새이기에 긴 안목으로 보면 농사에 도움이 된다는 것이다(Early Poems 1, 10). 굴뚝새 또한 농작물에 피해를 주는 각다귀들을 잡아먹는 새로 묘사된다. 그렇다고 클레어가 인간중심주의적 관점에서 인간에게 도움이 되는 측면만 부각시키지는 않는다. 약탈자와 먹잇감 간의 관계를 묘사할 때 그는 위기에 처한 먹잇감들에게 동정을 보이기도 하지만, 생태계 전반이 균형을 유지하기 위해서는 먹이사슬이 불가피하다는 인식에 따라 감상에 빠져드는 것을 극도로 경계한다. 풍뎅이 한 마리가 나방이를 죽인 뒤에 다른 풍뎅이들과 함께 시체를 포식하는 광경을 두고 클레어는, "곤충들에게도 서로 생각을 전달할 수 있는 언어가 있다"고 생각하며, 차분한 어조로 세밀하게 그 광경을 서술한다. 『양치기의 일정』의 「9월」("September")에서는 고양이와 홍

방울새가 자신들의 먹잇감을 향해 살금살금 다가가는 광경이 이렇게 묘사된다.

> 헛간 구멍 앞에 고양이가 앉아있네.
> 구멍 속 목마른 쥐 노려보면서
> 아침이면 그 쥐는 보금자리 떠나
> 덩쿨에 맺힌 이슬로 목 축이러 가지.
> 방울새는 민첩하게 눈 부라리며
> 파리 잡으려고 부산하게 움직이네,
> 거미줄 덫에 걸려 바둥대는 파리를.

먹이사슬의 한 단면을 보여주는 이 시에서, 거미줄에 걸린 파리를 향해 살금살금 다가가는 방울새는 그 순간 고양이의 표적이 되고 있다. 거미줄에서 벗어나려고 몸부림치는 파리에게 클레어가 동정심을 보이는 것은 분명하지만, 어디까지나 관심의 초점은 생명공동체의 먹고 먹히는 상호작용과 거기에 내재된 생태적 균형에 맞춰져 있다. 「암여우」("The Vixen")란 시에서도 굴에서 나온 어린 여우들이 "커다란 나비를 잡기 위해 톡톡 뛰어다니는 지빠귀를 순식간에 낚아챈다." 여기에서도 여우나 새의 공격적인 행동에 대한 클레어의 판단은 유보되고, 대신에 자연계의 질서 속에서 진행되는 본능적 포탈행위가 담담하게 묘사된다.

그러나 인간이 야생동물을 살해하는 행위에 대해서는 클레어의 태도가 사뭇 다르다. 「여름날 저녁」("Summer Evening")에서 클레어는 참새보금자리를 거덜 내는 사람들의 몰지각한 행위를 준엄하게 꾸짖는다.

> 개망나니 소년들이 모여 있구나.
> 또다시 사다리 올려놓고는
> 보금자리 깃든 참새 잡으려고
> 부드럽게 살금살금 기어오르네.
> 저 잔인한 자부심 아 어찌 할꼬
> 무참히 죽인 뒤에 사다리 내려놓네.

또 다른 시에서도 그는 새에게 돌을 던지고, 벌집을 파괴하고, 막대기를 들고 다람쥐를 쫓아다니는 소년늘의 배은밍덕한 잔혹행위를 질타한다. 이 같은 폭력은 어린이들만의 전유물이 아니다. 어른들도 두더지를 잡아 나무에 메달아 놓고는 그것이 마치 "반역자"인양 몽둥이세례를 퍼붓는다. 개구리, 들쥐, 산토끼, 맷새 등, 야생동물들은 사람의 기척만 있어도 놀라 달아나는 현상을 보고 클레어는 "오만한 인간이야말로 여전히 모두의 적인 것 같다"고 결론짓는다. 잘 알려진 시 「오소리」("Badgers")에서도 마을사람들에게 붙잡혀 고문당하는 오소리의 끔찍스런 운명을 슬픈 눈으로 바라본다.

오소리가 죽은 듯이 넘어져
  소년들과 어른들의 발에 채이네.
그러다 펄쩍 뛰어올라 으르렁대며
  다시금 사람들 몰고 다니네.
마침내 발길질에 채여 찢기고 만신창이가 된
  그 오소리는
마지막 남은 힘 놓아버리고는 깩깩거리며 죽어 가누나.

오소리의 관점에서 힘없는 희생자의 처지를 동정하며 인간의 잔혹한 행위를 부각시키는 이 시는 환경보호 전략의 핵심을 드러낸다고 하겠다. 클레어는 추상적 차원에서 환경윤리를 거론하기 보다는 인간적 폭력과 무분별한 환경파괴의 힘없는 희생자들에게 자기 목소리를 빌려주는 것이다.

늘 푸른 초록언어

클레어는 평생토록 자신의 생태적 비전에 부합하는 초록언어를 모색하는 일에 혼신의 힘을 기울인다. 그는 지형시(地形詩, topographic poetry)와 자연사 기술(natural history writing) 부문에서 선배작가들이 확립해 놓은 기존의 스타일과 재현양식을 모방하면서, 헬프스톤 주민들의 기억 속에 저장된 노래와 민요를 매개로 민중적 전통으로 다가가기도 한다. 농사꾼이자 하릴없이 황무지를 싸돌아다니던 자이며, 첫 시집이 출간된 뒤에는 간혹 런던을 방문하기도 했던 농부시인이었기에, 매우 개인적이면서도 자연에 깊이 뿌리내린, 잡다하리만치 다양한 스타일로 여러 갈래의 전통과 다양한 경험들을 통합하고자 혼신의 노력을 기울인다. 인간의 자연파괴 규모가 걷잡을 수 없이 확산되는 시점에서, "이윤, 산업, 또는 노예적 이득"에 기반을 둔 "전원자본주의"(rural capitalism)가 지역 환경에 미치는 해악을 여실히 드러내 보여줄 수 있는 형식들을 그는 실험하는 것이다.

그러한 실험을 잘 보여주는 시로 「소디웰의 탄식」("The Lament of Swordy Well")을 들 수 있다. 이 시는 다양한 희귀종 식물들이 서식지를 모래와 자갈 채취장으로 둔갑시킨 당국의 처사에 대한 격렬한 환경적 저항의 목소리를 담고 있다. 이 시의 환경적 급진성은 소디웰로 하여금 스스로 발언하도록 유도하는 데 있다. 인간적 착취의 말없는 피조물에게 자신이 파괴되는 데 대한 비탄의 목소리를 내게 하는 한편, 한때는 번성했으나 이제는 종적을 감춘 동식물들에 대한 애도를 유도하는 것이다.

    나는 소디웰 조그만 땅 한 조각
    도시에 걸려 도시 위로 넘어졌네.

> 내가 일어설 수 없을 때까지
> 도시는 날 혹사하고 짓뭉개었지,
> 그래서 난 꼼짝없이 무너졌다네.

소디웰의 파괴는 인클로저가 진행되던 시기에 영국 노동계급에게 자행된 억압과 수탈에 비유되고 있다. 새 경제체제 하에서 더욱 더 고된 노동에 시달리면서도 생계유지조차 어려운 소디웰은 토착농민들처럼 "도시민들"이 쳐놓은 산업화의 덫에 걸려 넘어진다. 인클로저 기획에 의해 농지를 박탈당하고 이제 품팔이꾼으로 전락한 농민들은 인색한 지주들의 얼마 안 되는 자선에 생존을 의탁해야 하는 것이다. 그러므로 소디웰의 환경파괴를 뿌리 뽑힌 농민들의 처지에 빗대어 전개하는 이 시는 착취의 두 형식 모두가 비인간적 경제체제의 결과임을 암시한다고 하겠다.

소디웰의 목소리는 파괴의 기반이 되는 이기적 동기들을 고발하는 한편, 자연물도 관습법상의 시민권과 유사한 권리를 갖는다는 내용의 한층 더 진전된 견해를 제시한다. 심지어 클레어는 환경 관련 불만 사례들을 시정할 수 있는 법적 권리를 땅 자체가 행사해야 마땅하다고 주장한다.

> 난 누구에게도 잘못한 적이 없지만
> 모종의 옳은 일 좀 해야겠네.

노래일망정 나에게
말할 수 있는 공간 마련해 주면 좋겠네.
개간 장비와 굶주린 승냥이들 틈바구니에 끼어
난 옴짝달싹 못 하네.
내가 일 년에 두 번 수확을 해도
그들은 아무것도 되돌려 주지 않는다네.

  환경파괴 비용을 대며 돈을 "긁어모으는" 자본가와 실제로 땅을 "개간하며" 파괴 업무를 수행하는 일꾼들 간의 유사성을 부각시키기 위하여 클레어는 "grubbing"이란 매우 생생한 토속어를 사용한다. "마대와 짐마차를 동원하여" 모래와 자갈을 송두리째 퍼 가버리자 한때는 온갖 꽃들로 풍성했던 곳이 이제는 흉물스럽기만 하다.

탐욕스런 손이
나의 이끼 낀 산들을 가로채고
더욱 더 탐욕스런 마음이
그걸 평평한 황갈색 땅으로 변화시켜
구릉 같은 건 남겨두지 않는구나.
지난여름 나는 한껏 꽃을 피웠지.
꽃구경하러 몇 마일을 걸어온 사람들은
자신들의 눈을 믿을 수가 없었네.

여기에서도 땅의 죽음은 황갈색 또는 적갈색을 의미하는 토속어 "russet"에 의해 가슴에 강하게 와 닿는다. 그래서 결국 시는 "깊이 페인 돌 구덩이와/ 사고파는 분쟁의 와중에서/ 소디웰에 남겨진 것이라고는/ 내 이름뿐"이라며 암울한 어조로 종결된다. 종결부의 암울한 예감은, 소디웰이란 지역 자체가 지도상에서 사라지고 이제는 시의 제목으로만 남아 있다는 사실로 인하여, 그대로 적중한 셈이다. 그러므로 이 시에서 클레어는 생태계의 위기를 진단하고 위기 탈출을 모색하는 생태언어의 절박성을 제기하고 있다. 주로 도시인들을 염두에 두고 시를 썼던 클레어가 급속하게 사라져 가는 초록세상의 실상을 구체적으로 생생하게 보여주고자 안간힘을 썼던 것은 자연계로부터 유추된 언어야말로 생태계 복원의 길을 예비할 수 있다고 생각했기 때문이다.

"늘 푸른 언어"(language that is ever green)란 자연생태계로부터 유추된 언어임을 잘 보여주는 시로 「전원시」("Pastoral Poesy")가 좋은 예가 될 수 있다.

> 시란 적절한 언어인 것을
> 들판은 누구나 이용할 수 있는 땅인 것을
> 양치기의 발아래 피어있는 야생화는
> 위를 쳐다보며 그에게 기쁨을 주지.
> 늘 푸른 언어

그것은 모든 이들에게 느낌을 전달하지,
산사나무에 꽃이 피어나는 순간
보는 이의 가슴을 어루만지듯.

이 시에서 "poesy"란 단어는 두 가지 의미로, 즉 다양한 단어들의 모음인 시(poetry)란 의미, 그리고 각양각색의 꽃들을 엮어 만든 꽃다발(posy)의 의미로 사용되고 있다. 산사나무에 핀 꽃이 보는 이의 가슴에 와 닿듯이, 시의 초록언어 또한 독자의 마음에 파동을 일으킨다. 클레어는 단순히 시의 언어가 만들어내는 현란한 수사의 꽃들만을 염두에 두고 있는 것은 아니다. 시는 오염되지 않은 야성의 언어를 매개로 인간 본연의 진솔한 감정을 환기하는 한편, 자연현상의 불투명성과 구체성에 다가가려고 노력해야 한다. 초록언어가 지역환경과 나란히 자연력의 자발적 산물이어야 하는 까닭은 그것이 온실식물처럼 인위적 구성물로 전락할 경우 감동을 주지도 설득력을 발휘하지도 못하기 때문이다.

"늘 푸른 언어"에 대한 확신에 따라 클레어는 친구, 후원자, 출판업자들의 시어 세련화 요구에 완강히 저항한다. 그는 문법책과 철자법 교본, 존슨의『사전』을 비롯한 여러 권의 사전들을 가지고 있었으나, 문장구성이나 철자법, 구두점 사용이나 시어 선택 등에 있어 표준영어의 기준에 맞추기를 거부하며, 시적 기교가 발전함에 따라 표준영어의 기준으로부터 더욱 더 이탈하는 경향을 보인다. 지역 방언의 몇몇 특질들을 시의 언어에 유지시켜야 한다는 그의 입장은 지역의 자연환경을 구체적이고도 즉각적으로 환기할 수 있는 언어를 보존해야 할 필요성에서 비롯된 것이다. 그러나 원숙기 그의 시는 시어의 지배적 조류에 씻긴 탓도 있고 또 "천치언어"(idiolect)로 폄하되곤 했던 시어의 개인적 특성으로 인하여 순수 노샘튼 방언만으로 구성되지는 않는다. 그렇다고 원숙기 클레어의 시어가 단순히 개인적 스타일로만 간주되어서는 안 된다. 그것은 클레어 특유의 지역감정을 가장 효과적으로 전달할 수 있는 그 나름의 방언을 창안하려는 시도였기 때문이다.

그렇다면 클레어의 언어를 두고 우리는 모든 생명체의 주거지인 대지를 위해 발언하는 '생태언어'(ecolect)라 불러도 좋을 것이다. 농부시인으로 알려졌으나 문화적 주류에 재빨리 동화되어 버린 이전 시인들과는 달리, 클레어는 지방언어를 고수하는 데 요구되는 완강한 힘을 자기 내부에서 발견한다. 지역방언 뿐만 아니라 지역의 환경 조건을 반영하는 생태언어를 개발한 그는 생태작가의 모델이 될 만하다. 생태언어의 생산과 가동 면에서 클레어가 역사적 고지를 선점했다는 사실은 현대인의 생태의식이 과학적 개념들의 선례로부터 점진적으로 구성된 것이 아님을 시사한다. 그렇다면 포스트모던 시대의 생태의식도 생태적 인간 특유의 재현 방식을 보여주는 "급진적이리만치 새로운 개념적 패러다임"을 구성할 수 있어야 할 것이다.

클레어의 생태적 언어의 토대로 다가가는 지름길은 『한여름 잔디방석』(The Midsummer Cushion)에 수록된 시편들을 통해서이다. 클레어 자신이 "서문"에서 시집 제목과 관련하여 밝히고 있듯이, 노샘튼 지방에서는 "여름이 되면 마을주민들이 온갖 야생화들로 얼룩진 잔디를 방석만한 크기로 떠다가 오두막집 장식용으로 놓아두는 풍습이 있었다." 그렇다면 제목을 통해 이 시집은 주변 생태계의 축소판 내지는 소우주로 구상되었음을 암시한다고 하겠다. 시 한편 한편이 독자적 유기체이자 전체를 구성하는 하나의 단위이며, 또한 그것은 자연환경으로부터 이식된 꽃이나 식물의 언어적 등가물인 셈이다. 클레어 자신이 "나는 들판에서 시들을 발견하지,/ 그리고 단지 그것들을 받아 적을 뿐"이라며 이 같은 전제를 노골적으로 천명하기도 한다. 이처럼 클레어는 합리적 이성에 기대어 자연계의 무질서를 가지런히 정돈하려 하기보다는 역동적 무질서를 반영하는, 야생화들로 가득 찬 시모음집이란 잔디방석을 통해 나름대로 "유기적 통일성"(organic unity)이란 낭만적 메타포를 재천명하는 것이다. 야생화들로 어우러진 시 모음 잔디방석… 아, 가슴 뛰게 하는, 얼마나 멋진 발상인가!

그러므로 『한여름 잔디방석』은 모든 생명체들이 인간의 개입이나 통제 따위를 받는 일 없이 서로 뒤섞여 자신들의 운명을 살아가는 개방된 자연의 모습을 정교화 한다. 이 시집에 수록된 시들은 자유로움과 풍요로움을 통해 합리적 질서의 원리에 도전하는 한편, 클레어의 생태적 패러다임이 의미하는 바를 충실히 실현한다. 개별 시편들은 생명체의 공생적 교류 과정을 구체화하면서 주제와 형식면에서 지방적 그물망들 사이에 분포되고, 동시에 시모음집이라는 보다 넓은 텍스트적 환경 내에서 활동범위와 생태적 지위를 부여받는다.

클레어의 생태적 비전은 『한여름 잔디방석』에 수록된 시들 가운데서도 특정 식물과 동물 그리고 새의 보금자리와 관련된 시들을 통해 재현된다. 새의 보금자리를 다룬 시에서 클레어는 특정 지역 환경에 적응하는 새를 대상으로 그 새에 대한 정감을 표현할 뿐 아니라 그 새 특유의 생태 재현 언어를 창조하려고 안간힘을 쓴다. 새의 노래를 재현하기 위해 의성어를 자주 동원하는가 하면, 주거지의 특성을 구체화하기 위해 그 지역 방언을 즐겨 사용하기도 한다. 새의 보금자리를 다룬 시들 가운데 가장 성공한 예로 「댕기물떼새의 보금자리」("The Pewits Nest")를 들 수 있다. 황량해 보이는 휴경지(休耕地)를 가로질러 하릴없이 돌아다니던 시인은 예기치 못한 순간 그 새를 목격한다.

> 여기 돌아다니고 있노라니 내 머리 위에서
> 댕기물떼새가 여러 차례 선회하며 휘익 휘파람 불고
> 때로는 '츄잇' 하고 비명 지르며 긴 날개 퍼덕였지.

그 새의 보금자리 찾으려고 나는
조그만 산들로 둘러싸인 넓은 휴경지로 발길을 돌렸네.
오래전에 두더지들이 만들었고
개미떼가 그럴싸한 장소로 여겨 세를 낸 휴경지로
하지만 헛일이었지 — 바로 그때
시끄럽던 새들이 갑자기 조용해지고
예기치 않게도 나는 밭고랑 사이에서
초록이 감도는 거무스름한 새알 네 개를 발견했다네.
초콜랫 반점들로 깊이 얼룩진 그 새알들
조그만 끝은 땅 속을 향하고 있었지.
호기심 가득한 어떤 손이 놓아두기라도 한 양
그러나 자주 퍼붓는 폭우 가려줄 부드러운 풀도
시든 나뭇가지도 색 바랜 잡초 따위도 없이
그것들은 맨땅 위에 놓여있었네.

 이 시에서 클레어는 댕기물떼새의 울음소리를 재현하기 위해 "chewsit"이란 의성어를 합성하는가 하면, 새가 이리저리 선회하며 날아다니는 모습을 실감나게 보여주기 위해 운동감이 십분 발휘된 방언 "whewing"을 사용한다. 새는 넓은 휴경지 끝자락의 움푹 페인 밭고랑에 보금자리를 마련해 두고 있다. 새의 보금자리가 있는 곳은 황폐해 보이지만 거기에는 두더지와 개미떼와 시끄러운 새들로 북적인다. 이 생물학적 공동체의 본거지는 현대인의 경제적 기준에 비추어볼 때 황무지에 불과하다. 하지만 맨땅이나 다름없는 댕기물떼새의 보금자리에 빈곤 속의 풍요로움이 존재한다. 다른 새들과는 달리 댕기물떼새는 부드럽고 따뜻한 보금자리를 마련하지 않는다. 그러나 그 보금자리는 "초록이 감도는 거무스름한 알"을 품기에 매우 적절한 장소이다. 그러므로 처음에는 새의 준비 부족에 대한 비판으로 비쳐지던 것이 나중에는 종의 번식 능력을 재현하는 것으로 인식이 바뀌게 된다. 초콜렛 반점들로 얼룩진 새의 알들은 헬프스톤 지역의 습지 색깔을 띠고 있어 자기보호를 위한 위장의 역할을 충실히 수행한다. 인습적인 관점에서 볼 때 새도 새알도 아름답다고는 할 수 없다. 하지만 그것들은 환경에 잘 적응하고 있으며, 시의 투박한 언어 또한 개발의 변두리에서 어렵사리 생존을 이어가는 생명공동체를 재현하는 재현언어의 역할을 충실하게 잘 수행하고 있다.

결론적으로 요약 정리하자면, 클레어의 생태적 비전은 지역 환경 보존을 염원하는 감동적인 시편들을 통해 잘 드러난다. 논의의 초점을 경제적 효용이나 미적 쾌감에 두는 법이 없이 땅과 생명체들을 위한 직설적 발언을 서슴지 않는 그는 지역생태계를 구성하는 모든 동물군과 식물군에 내재적 가치를 부여한다. 탁 트인 들판에서의 생업, 마을공동체적 생활방식, 황무지와 숲과 시내와 습지의 보전 등, 그는 지역생태계 보전을 위해 매우 강한 어조로 독자들에게 호소한다. 새와 동물과 곤충과 꽃과 나무 모두가 각기 독자적 자율성을 유지하면서 생존과 번식을 주장할 권리가 있음을 보여주는 것이다. 원시림을 베어내고, 습지를 메우고, 들판에 울타리를 치고, 공유지를 사유화하여 공원을 만들고, "출입금지" 표지판을 세우고, 심지어는 간선철로를 부설하는 등, 인클로저 기획에 대한 그의 고발은 "가증스런 부"가 지역 환경에 미치는 해악을 정확하게 인식한 데에서 비롯된다. 환경보전론자로서의 클레어는 환경파괴와 사회적 불의 간의 복합적 관계를 어느 누구보다도 깊이 통찰했다는 점에서 유례를 찾아보기 힘들다.

클레어의 생태적 비전을 재현하는 "늘 푸른 초록언어"는 우리시대 생태작가들의 모델이 되기에 충분하다. 클레어의 지역 방언은 지역민의 뿌리감을 강화시키는 동시에 기술적 진보로 인한 농촌공동체의 깊은 소외감을 드러내기도 한다. 그는 인클로저 기획에서 비롯된 지역 환경 파괴와 인위적 질서화에 저항하는 한편, 자기 시를 표준영어의 기준에 맞춰 깔끔하게 정리하려는 편집자들의 시도에 맞서 그 지역 생태계에 부응하는 생태언어를 발전시켜 나간다. 클레어는 구두점 사용에서나 어법, 문법, 철자법에서나 표준영어의 세련된 기준에 순응하기를 거부함으로써, 그의 시가 보존하려고 그토록 애를 썼던 개방된 자유의 공간, 훼손되지 않은 자연을 방불케 하는 열린 시를 창조할 수 있었던 것이다.

참고문헌

김욱동.『문학생태학을 위하여』, 민음사, 1998.
_____.『생태학적 상상력』, 나무심는사람, 2003.
김종철.『시적 인간과 생태적 인간』, 삼인, 1999.
_____.『간디의 물레－에콜로지와 문화에 관한 에세이』, 녹색평론사, 1999.
_____.『녹색평론선집 1』, 녹색평론사, 1993.
김철수.『영국 낭만시 연구』, 경북대학교 출판부, 2005.
박병희.「워즈워스의 생태학적 상상력」,『신영어영문학』27, 2004.
박이문.『문명의 미래와 생태학적 세계관』, 당대, 1997.
_____.「환경철학」,『새한영어영문학』43/1, 2001.
베리, 웬델.「여성주의, 육체, 기계」, 김종철 편『녹색평론선집 1』, 1993.
슈나이더, 게리.『야성의 삶』, 이상화 옮김, 동쪽나라, 2000.
신덕룡.『환경위기와 생태학적 상상력』, 실천문학, 1999.
윤희수.「『월든』의 생태주의적 지향성에 관한 연구」,『새한영어영문학』 43/2, 2001년 가을.
이남호.『녹색을 위한 문학』, 민음사, 1998.
장회익.『삶과 온생명 : 새 과학문화의 모색』, 솔, 1998.
_____.「우주생명과 현대인의 암세포적 기능」, 김종철 편『녹색평론선집 1』, 1993.
정정호.『탈근대 인식론과 생태학적 상상력』, 한신문화사, 1997.
최동오.「장소와 거주의 노래 : 워즈워스의 <그래즈미어의 집>에 대한 생지역주의적 접근」,『현대영어영문학』48/3, 2004.

_____. 「도로시 워즈워스의 『일기』: 생태비평적 연구를 위한 시론」, 『신영어영문학』 25집, 2003.

카프라, 프리조프. 『생명의 그물: 생물 시스템에 대한 새로운 과학적 이해』, 김용정, 김동광 옮김. 범양사, 1998.

Bate, Jonathan. *Romantic Ecology: Wordsworth and the Environmental Tradition*. London: Routledge, 1991.

Biberg, Iaac J. "The Oeconomy of Nature." *Miscellaneous Tracts Relating to Natural History*. London: Oxford UP 1759.

Buell, Lawrence. *The Environmental Imagination: Thoreau, Nature Writing, and the Formation of American Culture*. Cambridge, Mass: Harvard UP, 1995.

Barrell, John. *The Idea of Landscape and the Sense of Place 1730-1840: An Approach to the Poetry of John Clare*. London: Cambridge UP, 1972.

Clare, Johanne. *John Clare and the Bounds of Circumstance*. Kingston and Montreal: MacGill-Queen's UP, 1987.

Clare, John. *The Early Poems of John Clare 1804-1822*. Ed. Eric Robinson & David Powell. Oxford: Clarendon Press, 1989. - [Early Poems]

_____. *John Clare: Poems of the Middle Period*. Ed. Eric Robinson, David Powell, & P. M. S. Dawson. Oxford: Clarendon Press, 1998. - [Middle Period]

_____. *The Natural History Prose Writings of John Clare*. Ed. Margaret Grainger. Oxford: Clarendon Press, 1983. - [Natural History]

_____. *John Clare: Selected Poetry and Prose*. Ed. Merryn and Raymond Williams. London: Methusen, 1986. - [John Clare]

_____. *John Clare by Himself*. Ed. Eric Robinson and David Powell. Manchester: Carcanet Press, 1996.

Coleridge, Samuel Taylor. *The Complete Poetical Works of Samuel Taylor Coleridge, Volume 2*. Ed. Ernest Hartly Coleridge. Oxford: Clarendon Press, 1912.

_____. *The Notebooks of Samuel Taylor Coleridge. Volume 1*. Ed. Kathleen Coburn.

Princeton, NJ : Princeton UP, 1957-.

Coles, Romand. "Ecotones and Environmental Ethics : Adorno and Lopez." *In the Nature of Things : Language, Politics, and the Environment*. Ed. Jane Bennett and William Chaloupka Minneapolis : U of Minnesota P, 1993.

Commoner, Barry. *The Closing Circle : Nature, Man, and Technology*. New York : Alfred A. Knopf, 1971.

Coupe, Laurence, ed. *The Green Studies Reader : From Romanticism to Ecocriticism*. London : Routledge, 2000.

Devall, Bill & George Sessions. *Deep Ecology : Living as if Nature Mattered*. Salt Lake City : Gibbs M. Smith, 1985.

Fry, Paul. "Green to the Very Door? The Natural Wordsworth." *Studies in Romanticism* 35/4, 1996.

Glotfelty, Cheryll & Harold Fromm, ed. *The Ecocriticism Reader : Landmarks in Literary Ecology*. Athens : U of Georgia P, 1996.

Grove, Richard H. *Green Imperialism : Colonial Expansion, Tropical Island Edens, and the Origins of Environmentalism, 1600-1860*. Cambridge : Cambridge UP, 1994.

Hartman, Geoffrey H. *Wordsworth's Poetry 1787-1814*. New Haven : Yale UP, 1964.

Kroeber, Karl. *Ecological Literary Criticism : Romantic Imagining and the Biology of Mind*. New York : Columbia University Press, 1994.

Liu, Alan. *Wordsworth : The Sense of History*. Stanford : Stanford UP, 1989.

Lowes, John Livingston. *The Road to Xanadu : A Study in the Ways of Imagination*. Boston : Houghton Mifflin, 1930.

Marshall, Peter. *Nature's Web : An Exploration of Ecological Thinking*. London : Simon and Schuster, 1992.

McGann, Jerome J. *The Romantic Ideology : A Critical Investigation*. Chicago : Chicago UP, 1983.

McCracken, David. *Wordsworth and the Lake District : A Guide to the Poems and their Places*. Oxford : Oxford UP, 1985.

McKusick, James C. *Green Writing : Romanticism and Ecology*. New York : St. Martin's Press, 2000.

_____. "'Living Words' : Samuel Taylor Coleridge and the Genesis of the OED," *Modern Philology* 90, 1992.

Paulin, Thom. "John Clare in Babylon." Duncan Wu Ed. *Romanticism : A Critical Reader*. Oxford : Blackwell, 1995.

Snyder, Gary. *A Place in Space : Ethics, Aesthetics, and Watersheds*. Washington, D C : Counterpoint, 1995.

Thompson, E. P. *The Making of the English Working Class*. New York : Pantheon Books, 1963.

Waller, Robert. "Enclosures : The Ecological Significance of a Poem by John Clare." *Mother Earth : Journal of the Soil Association* 13, 1964.

Williams, Raymond. *The Country and the City*. St. Albans : Paladin, 1975.

Wordsworth, William. *The Poetical Works of William Wordsworth*. Ed. Ernest de Selincourt and Helen Darbishire. Five Volumes. London : Clarendon Press, 1940-49.

_____. *The Prelude*. Ed. Ernest de Selincourt. London : Oxford UP, 1928.

_____. *The Prelude : A Parallel Text*. Ed. J. C. Maxwell. Harmondsworth : Penguin Books, 1971.

_____. *Guide to the Lakes*. Fifth Edition. Ed. Ernest de Selincourt. Oxford : Oxford UP, 1835, 1906.

Wylie, Ian. *Young Coleridge and the Philosophers of Nature*. Oxford : Clarendon, 1989.

Young, Arthur. *General Report on Enclosures*. New York : Augustus M. Kelley, 1971.

김철수__ 경북대학교 (인문대학 영어영문학과 교수)

1978년 이후 지금까지 경북대학교에서 초서 이후 영미 주요 시인들을 연구·강의하고 있는 영미시 전공자로서, 저서로는 블레이크, 워즈워스, 콜리지, 바이런, 셸리, 키츠 등 영국 주요 낭만시인들을 다룬 『영국 낭만시 연구』와 예이츠, 파운드, 엘리엇, 오든, 프로스트, 윌리엄스, 스티븐스 등 영미 모더니즘 시인들을 다룬 『현대 영미시 연구』가 있다. 최근에는 「예이츠의 문화민족주의」, 「예이츠 : 권위와 비극의 문화정치」 등 아일랜드 시인 예이츠에 관한 몇 편의 논문과 주요 서정시 번역을 모아 엮은 『예이츠의 초월시학』, 그리고 초서 이후 주요 영국시인들을 다룬 『영국시의 탈중심 문화지형』을 세상에 내놓았다.

경북대 인문교양총서 ㉓
영국 낭만주의 시인들의 자연 친화

초판 인쇄 2013년 9월 12일
초판 발행 2013년 9월 25일

지은이 김철수
기 획 경북대학교 인문대학
펴낸이 이대현
편 집 박선주 권분옥 이소희
디자인 이홍주
마케팅 박태훈 안현진

펴낸곳 도서출판 역락
주 소 서울시 서초구 동광로 46길 6-6(문창빌딩 2F)
전 화 02-3409-2060(편집), 2058(마케팅)
팩 스 02-3409-2059
등 록 1999년 4월 19일 제303-2002-000014호
전자우편 youkrack@hanmail.net

값 7,500원
ISBN 978-89-5556-077-0 04840
　　　978-89-5556-896-7 세트

■ 이 도서의 국립중앙도서관 출판시도서목록(CIP)은 e-CIP홈페이지(http://www.nl.go.kr/ecip)와 국가자료공동목록시스템(http://www.nl.go.kr/kolisnet)에서 이용하실 수 있습니다.(CIP제어번호 : CIP2013013170)